江戸の法華信仰

望月真澄

国書刊行会

はじめに

日本仏教の特徴のひとつに「宗派仏教」が挙げられます。日本仏教の宗派は、平安仏教の最澄、空海、鎌倉仏教の法然、親鸞、一遍、栄西、道元、そして現代までに分派した宗派が多く存在します。これらの宗派を開いた僧侶は、開祖、宗祖、祖師と尊称され、中世から近世、近代、そして現代へ宗派ごとに独自の発展を遂げていきます。これは宗派によって教義や本尊が違うことが理由にあげられますが、これによって宗派別の儀礼が営まれ、独自の信仰の形を創り上げていきました。よって、宗派が違うと理解できないことが多々存在するわけです。

日蓮教団内の宗派にも、日蓮宗、法華宗各派、法華系新宗教、その他があります。また、日蓮教団は、六老僧以降、門流を中心に展開していきますが、法華系各門流の派祖は門流の祖であり、現在一宗派を形成した祖は開祖や宗祖と呼ばれています。例えば法華宗真門流という宗派の開祖は日真上人ということになり、宗派内で崇拝されています。

このように日蓮教団内外に多くの宗派が存在しながら、日本仏教の開祖の中で祖師といえば日蓮聖人を指すことが多いと思いませんか。かなり贔屓《ひいき》目に見ている感があるでしょうが、これは江戸時代の首都江戸で日蓮信仰＝祖師信仰が拡まり、そこで日蓮聖人が〝おそっさま〟〝お祖師さま〟と呼ばれたことが大きく影響していると思われます。少なくとも、江戸時代の江戸講中が活躍した

はじめに

下町で祖師といえば、日蓮聖人のことを指すと著者は考えています。

日蓮聖人（以下、祖師と呼称）は六十一年のご生涯の間に幾多の法難に遭遇しましたが、それにも負けない生き方が、武士、職人、商人、特に女性や庶民を引き付けました。祖師ゆかりの寺院の縁起や由緒書には、安置する祖師像や所蔵する祖師真筆の曼荼羅本尊、書状などを拝し、これに祈りを捧げるとご利益が増す、といったことが宣伝されています。すると、祖師信仰が盛んな地域に住む江戸町人は祖師の霊力にすがるようになっていきました。江戸市域では、安産や厄除けといった、江戸町人の現世利益のニーズに応えるためのさまざまな祖師像が祀られ、庶民の身近なところで礼拝できる環境が整っていきました。

本書では日蓮教団内に形成された信仰を法華信仰と総称し、江戸市域で盛んであった祖師信仰と守護神信仰を主とする法華信仰の姿を眺めていきます。

具体的には、江戸に祀られる神仏や法華霊場について、民間伝承・古記録・仏具・荘厳具といった資料などを紹介しながら法華信仰のさまざまな姿について紹介していきます。本書が対象とする江戸時代から明治時代初頭にかけての日蓮宗は、庶民信仰と結びついて発展を遂げ、あらたな信仰の形を創り上げていきました。そこで、この結びつきを重視しつつ、現在も生きているさまざまな法華信仰の姿を眺めてみました。読者のみなさまに法華信仰の特徴や日蓮宗以外の宗派の信仰との違いを見つけていただければ、著者としてこの上ない幸せです。

なお、江戸という地域は、御府内、つまり江戸城を中心とする地域を原則としますが、広く現在の東京二十三区内や江戸近郊における法華信仰の霊場も紹介し、江戸の法華信仰を周辺との関わりから明らかにするよう努めました。

最後に、本書は宗教文化誌『法華』における連載回数の関係で、江戸の代表的な法華寺院を残らず紹介したわけではありません。江戸市域には、この他にも特徴ある神仏や法華信仰の顕著な寺院がまだまだ存在しており、今後機会を得て紹介してみたいと思います。

目　次

【凡例・本書記載上の留意点】

一、日蓮宗という表記は、広く日蓮聖人の教えを継承する宗派を含めています。よって、現在の日蓮宗や法華宗各派、いわゆる法華系各教団を含めます。

二、本書は研究書ではなく、一般教養書として仏教や日蓮宗のことを知らない読者層を対象としているため、できるだけ平易な文章にしました。

三、引用資料は、読者が資料の内容を理解できるよう、なるべく筆者が現代語に翻訳するよう努めました。よって、意訳している箇所が多々あります。

四、江戸の法華信仰について調べたい人のために、なるべく出典を明記するようにしました。よって、掲載された文献資料は各自で原典にあたり、確認してください。

五、歴史用語、仏教用語、日蓮教団史用語などで判読が難しいものには、なるべくふりがなや括弧を付し、読み方や用語の意味を記しました。

六、寺院名について、通称呼称されている地名（字名）などを寺院名の前に付し、江戸の寺院はなるべく現在の所在地を括弧内に示しました。

第一章　江戸の神仏と信仰の形

1　江戸の祖師信仰

日蓮宗では、祖師（日蓮聖人）が初めて唱えた「南無妙法蓮華経」を唱題実践する題目信仰が信仰の基盤にあります。法華信徒は、題目をたくさん唱え、開祖である祖師を礼拝する儀礼を行います。この祖師儀礼を営むのに題目講・十二日講といったさまざまな名称の講が組織され、講員同士で信仰活動を行い、寺院の年中行事に参加します。祖師ゆかりの寺院では、二月十六日の誕生会、十月十三日のお会式、九月十二日の龍ノ口法難会といった祖師にまつわる年中行事が営まれ、そこでは講中《こうじゅう》による団扇太鼓や大太鼓の音頭によって題目が盛んに唱えられます。題目を唱える拍子には独特のものがあります。江戸の錦絵にも、団扇太鼓を叩く人、題目旗が翻る光景、纏を持って開帳行列に参加する人などが描かれています。

浄土真宗では理想的な門徒を「妙好人」と呼んで鑽仰しますが、法華信仰の世界では「堅法華《かたぼっけ》」と呼んで讃えています。堅法華は他の宗教を持った人とは信仰面で妥協しない信徒のことで、法華

1-1　（参考）日亨が講中へ授与した一遍首題

気質を持った篤信者のことを指します。頑強な信仰は不受不施の思想にも通じ、法華寺院を千カ寺巡拝する「千箇寺詣」という信仰の形に結実します。

近世の首都江戸において祖師信仰は顕著であり、浅草・神田・日本橋といった地域では、講中が組織され、信仰活動を行っています。神田八講・浅草代参講といった地名を冠した講や、身延参詣講・鬼子母神講といったそれぞれの信仰目的や信仰対象を持った講中が誕生していきました。伊勢屋・相模屋・大和屋といった屋号を持つ江戸の商人や職人の中には法華信仰を持つ者が多くいましたが、このことは江戸の寺院に寄進された仏像・仏具、石塔といったものの銘文から知ることができます。

また、近世以降、寺院では霊験あらたかな祖師像が勧請され、一寺院の単位に留まることなく地域を越えて巡拝する十大祖師・八大祖師といった霊場が形成されていきます。さらに、法華勧請の守護神である鬼子母神・妙見菩薩・七面大明神・清正公などが本堂脇や守護神堂に安置され、祖師とのつながりから法華勧請の守護神として礼拝されています。いわゆる祖師信仰の隆盛は、守護神信仰の展開によるところが大きいといえます。
そこで、なぜ巨大都市と化した江戸に祖師信仰が盛んとなったのか、町人に受け入れられていったのか、もう少し考えてみることにします。

祖師信仰を理解するキーワード

日蓮宗の代表的な信仰に祖師信仰と守護神信仰があります。両信仰の根底には、祖師が提唱した「南無妙法蓮華経」の題目を唱える題目信仰が存在します。法華信徒が信仰儀礼を営む折は、根本経典となる『法華経』の読誦や題目の唱和を必ずといっていいほど実践します。
法華信仰とは、元来『法華経』という経典に対する信仰であり、祖師も『法華経』を根本経典として布教しました。この中に、祖師・守護神・題目といった祖師とのつながりから日蓮宗独自の信仰が祖師滅後に形成されていきます。特に、祖師を崇拝する信仰は、祖師信仰または日蓮信仰といわれ、法華信仰の中でも重要な信仰表現となっています。

祖師信仰を知るための資料

祖師に直接関わる資料（真筆・袈裟・硯など）については別に述べますが、祖師滅後に人々が祖師を顕彰していった資料として次のものがあげられます。

①祖師像……仏像・画像など
②祖師縁起……寺院・祖師・守護神などの縁起
③祖師伝記……祖師伝・浮世絵・歌舞伎
④祖師儀礼……お会式《えしき》・法難会など
⑤題目塔……報恩塔・供養塔など
⑥仏具・荘厳具……寄進者・銘文
⑦民俗資料……講中の信仰儀礼・伝説・習俗

①の祖師像は、立体の仏像と平面の画像があります。仏像は木・石・鉄・銅などの材質でできていますが、日本文化の特徴もあってそのほとんどは木造です。祖師の仏像で最も有名なのは、祖師七回忌の折に造立された池上本門寺大堂に安置される尊像です。画像としては、身延山久遠寺蔵の水鏡（波木井）の御影《みえい》、中山浄光院蔵の水鏡御影が有名です。

②の祖師縁起は、祖師像の由来や祖師ゆかりの寺院に伝わる縁起で、当然のことながら祖師にまつわる話やその寺院と聖人とのつながりが強調されます。話の中には、祖師に教化された僧や人々が登場し、祖師ゆかりの宝物を護持してきた伝統や祖師のおこした奇瑞などが語られます。江戸には多くの寺院が建立されていますが、そこに住む江戸町人は仏教宗派を自ら選べる環境下にありました。特に、日蓮宗の寺院では、加持祈禱の効験を表面に出す寺院が多く、安置される祖師像も現世利益を売り物にしていました。何故ならば、不特定多数の人々に拝みに来てもらうには、何か引

き付けるものがなければなりません。各地の祖師像が崇拝された理由は、波乱に富んだ生涯や何事にも負けない不屈な姿勢を持つ祖師の生き方が人々の祈りの対象となり、祖師像の持つ霊性が人々の信仰心を引き付けていったと考えられます。

③の祖師伝記は、縁起と同じく祖師の生涯の中から、法難や折伏教化といった劇的な場面が多く取りあげられました。近世後期に隆盛した浮世絵の世界では、祖師信仰が高揚していく時期と相まってドラマチックな祖師像が形づくられていきます。

④の祖師儀礼は、祖師にまつわる儀礼で、十月十三日のお会式・四大法難会（松葉谷法難・伊豆法難・小松原法難・龍ノ口法難）・降誕会といったものが、本山を魁《さきが》けとして一般寺院でも営まれるようになります。五十年ごとに巡ってくる遠忌《おんき》も重要な儀礼で、祖師報恩のための法要を厳修し、信仰の証しとして題目塔を建立することがみられました。

⑤の題目塔は、祖師の五十年ごとに巡ってくる遠忌の折に、髭題目を刻んだ題目塔を寺院境内に建立します。先師やゆかりの僧侶の記念すべき年に報恩塔を建立する場合もあります。他にも、先祖供養のために建立することがあり、いずれにしても髭題目が正面に記されているところが日蓮宗の石塔の特徴といえます。なお、これらの石塔には、石塔建立の意図、年月日、施主名などが刻まれます。

⑥の仏具・荘厳具は、寺院の境内に、梵鐘、鰐口といった仏具や本堂内の須弥壇《しゅみだん》、礼盤《らいばん》、経机、木鉦《もくしょう》、饒鈸《にょうばち》、磬《けい》といった仏具、そして堂内を荘厳する天蓋《てんがい》、瓔珞《ようらく》、幢幡《どうばん》、華鬘《けまん》、戸帳《とちょう》といった日

蓮宗独特の荘厳具があり、堂内を荘厳します。これらの仏具類には、寄進者名や寄進年月日といった銘文が記され、これを解読するとその仏具にまつわる情報を得ることができます。

⑦の民俗資料は、有形のものと無形のものがあります。無形の資料の中には、法華信徒で組織される講中の信仰儀礼や祖師にまつわる伝説や信仰の習俗など、永い歴史と伝統の中で伝承されてきたものです。民衆の法華信仰の儀礼として、纏行列、歌題目、題目踊りといったような注目すべき儀礼があり、これらをみると祖師を崇拝する信徒や生きた法華信仰の姿が理解できます。

浮世絵師国芳と祖師伝記

「武者絵の国芳《くによし》」と呼ばれた歌川国芳は祖師の作品を多く手掛けましたが、「高祖御一代略図」は十の場面で聖人の劇的な生涯を映し出したものとして注目されます。その中でも「鎌倉霊山ケ崎雨祈」「角田波題目《かくたなみだいもく》」は、祖師の超人的な人物像や加持祈禱の力による神秘性を感じさせる描写となっています。構図といい、物語性といい、まさに人々の心を引き付けます。前者（次頁図1-2）の浮世絵は、反り立った崖（霊山ケ崎）に立つ祖師が弟子や信徒とともに読経している場面です。一同に読経していると雨が降り注いだため、一人の信徒が驚嘆している姿が描かれています。一人の信徒が傘を開いて聖人に差し出しており、画面全体に縦に伸びた線が雨を表現しています。相模湾の波は高くうねり、雨乞い祈禱の描写が的確に描き出されています。祖師が活躍した当時、干魃が襲ったため農作物は不作となり、農民にとって雨はまさに天の恵みでした。国芳の描いた祖師伝記

1-2　鎌倉霊山ケ崎雨祈（高祖御一代略図の内）

の浮世絵をみて祖師信仰の世界に入った人も多いと聞きます。歌舞伎・浄瑠璃の世界では、祖師の劇的生涯を描いた作品が多く、これらは「日蓮記物」といわれました。落語でも「甲府い」「鰍沢」など、題目の功徳や熱心な信徒の姿をテーマにしたものがありました。

江戸には〝いき〟（粋）といわれる江戸町人独特の文化があります。信仰の形も同様で、速いテンポで読む読経、団扇太鼓で拍子をとる題目のリズム、そして祖師の劇的な生涯のドラマ、これらが相まって、江戸町人独特の祖師信仰の世界を創りあげていきます。江戸の火消しと纏、祖師縁日と祭り、と江戸の町人階級が表現した当時の法華信仰の姿は、「動」の信仰文化であり、実践仏教として私たちに信仰の尊さを教えてくれます。

1-3 （参考）身延山お会式での万灯と纏

2　祖師信仰に関する資料の性格

祖師信仰に関係する資料の性格をみていく上で、次のように祖師に直接関係する資料と後世につくられていった資料に分類することができます。

祖師に直接関係する資料

祖師に直接関係する資料として次の三つが挙げられます。
①祖師筆の曼荼羅本尊・書状　他
②祖師使用の袈裟・硯・数珠　他
③祖師御影・祖師像（自刻・自開眼）
これらは祖師存在時の資料で、祖師ゆかりの御宝物類です。
①は祖師の御遺文や曼荼羅本尊・書状、②は祖師が使用していたものなどです。③は祖師自ら彫刻したか、または開眼した仏像ですが、実際に調査すると後世になって語り継がれていったものが多いのが現状です。これらの祖師が直接筆で書いたもの、使用していたもの、開眼・彫刻したものなどは、霊跡寺院や祖師が歩いた寺院に多く伝来している御宝物で、寺院では「御霊宝」や「聖教」と尊称されているものです。

1-4　日蓮聖人使用の念珠函

①祖師筆の曼荼羅本尊・書状

信仰の対象であり、開祖の直筆として大切に護持されました。保存する箱が二重函になっているものもあります。これらは七百余年の歴史を経て、過去に何度か修理し、護持してきた信仰の軌跡を伝えています。

祖師に対する現世利益の祈りは、祖師直筆の文字を拝する儀礼にもつながっています。その一例として、中山法華経寺聖教殿御宝物のお風入れ（虫干し）があります。また、身延久遠寺に伝わる日蓮聖人御消息「上野殿御返事」は、花押部分が切り取られています。これは護符として服用したためで、表具裏書きにその経緯が記されており、祖師の御真筆自体が現世利益の対象となったことを示す貴重な資料といえます。

祖師の御遺文を一行ずつ切り取って、弟

子・信徒で分けた例もあります。祖師ゆかりの寺院では、一行のみが表具された御遺文を護持していることがよくあります。これは開祖の御真筆自体が信仰の宝であるからであり、祖師の教えをいくつかの場所で継承するために分けられたものです。

②祖師使用の袈裟・硯・数珠

祖師が使用したものとして、袈裟、法衣、硯、筆、数珠、経箱、経典、念珠函（図1-4）などが現在伝えられている代表的なものです。これらの多くは、誕生の霊地・誕生寺、修行の霊地・清澄寺、佐渡流罪の霊地・塚原根本寺、市野沢妙照寺、隠棲の霊地・身延久遠寺、入滅の霊地・本門寺といった祖師ゆかりの寺院に伝えられています。聖人の足跡が遺っている寺院だからこそ伝えられている御宝物といえます。他にも、聖人の歩かれた道、ゆかりの場所（堂宇など）、信徒宅に護持されている場合があります。

③祖師御影・祖師像

祖師の在世中に祖師を描いた画像（御影）や祖師を刻んだ仏像（祖師像）が存在しています。有名なものに、祖師入滅の前年、弘安四年（一二八一）に藤原親安《ちかやす》が描いた水鏡御影（身延文庫蔵）があります。これは生きているお姿を映した生御影といわれるものです。祖師仏像の中には、祖師の生前に造像された寿像といわれるものがあり、祖師の姿をそのまま映し出したものとして信仰されています。祖師が自ら刻んだと伝えられる仏像も多く存在しますが、この真贋《しんがん》を極めることは専門家でも難しいことです。祖師の自刻、自開眼といわれる祖師像の中には、民間信仰の世界の中で創りあげられたものも多く、信憑性に疑問があるものも多いです。しかしながら、祖師信仰の世界では、伝承として伝えられてきたものも貴重な資料となるのです。

後世につくられていった祖師関係資料

祖師滅後、弟子や信徒によって祖師信仰が形成されていきましたが、それぞれの時代の中で創り出されていった資料の性格をみると、次の三つに分けることができます。

①祖師伝記・祖師本尊（木版）・祖師御影（木版）・祖師像
②祖師儀礼……祖師にまつわる行事
③祖師関係の民俗資料……題目踊り・歌題目といった儀礼・祖師にまつわる伝説など

①祖師伝記・祖師本尊（木版）・祖師御影（木版）・祖師像

祖師の生涯を記したもので、その中には絵が中心となった伝記（絵伝）（図1-5）もあり、各地における祖師の布教の足跡が語られます。その話の中には、後世になって祖師を顕彰する上で、その霊性が強調されたものをよく見かけます。生涯のどの場面が取り上げられているか確認することによって、その祖師伝の作成された時代背景や著者の信仰がわかります。

1-5　高祖御一代略図

祖師真筆本尊は後世の多くの信徒が礼拝できるように、木版刷りで大量に複製されました。板に曼荼羅の型を彫り、祖師の真筆と同じ形で刷られた本尊を形木本尊と呼んでいます。この多くは先師によって開眼され、礼拝用として多くの信徒に頒布されました。祖師御影においても肉筆のものもありますが、その多くは各寺院に伝わっている霊験ある祖師像の代わり（うつし出されたもの）として大量に刷られたもので、寺院を調査するとその版木を発見することが多々あります。曼荼羅といい、祖師御影といい、信徒は守り本尊としてこれを表装し、堂宇内や仏間に掲げました。このことを見る限り、近世に入って出版技術が急速に進歩したことが、祖師信仰の伝播につながったといっても過言ではないでしょう。

祖師像は、寺院が建立されると本尊の一部として造立されたり、祖師堂に安置されたりする場合があります。いずれも礼拝の対象として崇拝される尊像で、その材質は木・銅・鉄・石などです。全国の日蓮宗寺院を調査すると、日本文化の特質もあって木造の尊像を多く確認することができます。

②祖師儀礼

祖師にまつわる行事で、その代表的なものはお会式・法難会です。これは近世に入ると本山を始めとして儀礼化し、年中行事として定着していきます。これらの中には、地域の行事として市町村の無形文化財に指定されているものがあります。祖師滅後に生まれた、祖師を讃仰する人々によって創り出された行事といえましょう。

③祖師関係の民俗資料

祖師に関わる信仰習俗や伝承が資料となります。例えば題目踊りといって、祖師が唱えた題目の功徳を踊りの中で表現したものがあり、鶏冠井《かいで》や松ヶ崎の題目踊りがよく知られています。踊りの内容も、祖師の波乱に富んだ生涯や法難といったドラマが盛り込まれ、振り付けに特徴があります。踊りの内容が重要であり、これを伝えてきた人々も祖師信仰の継承者として讃えられています。

歌題目は、法華和讃ともいい、各地で祖師にまつわる歌詞がつくられ、詠われているものです。例えば富士市本照寺では、熱原《あつはら》法難の霊跡であるところから「熱原法難歌題目」が伝えられています。和讃の中には釈尊や守護神に関するものもありますが、題材として多いのは、やはり祖師にまつわる和讃です。

その他、祖師にまつわる伝承には、袈裟掛松や腰掛石といった木や石に関する話、祖師が人々を教化した話などがあり、祖師が歩かれた地域を調査すれば多くの伝承が残っています。これらは祖師信仰の高揚によって生み出されたもので、縁起などには祖師の霊性や祖師とのつながりの部分が強調されています。

御真蹟を伝えてきた伝統

祖師の筆なる御真蹟の伝来を考えると、御真蹟を生きている祖師そのものとして護持し、信仰してきた歴史があることに気づきます。

永い歴史を経て祖師の御真蹟を拝することができるのは、修理・保存してきた僧侶や外護者がいたからです。京都の本阿弥一族や徳川家康側室のお万の方といった、その時代の外護者が御真蹟修理のための寄進を行っています。

御真蹟を護持してきた身延久遠寺や中山法華経寺では、宝物を護持するための規定があります。久遠寺では、宝蔵の掟書が蔵の入口に掲げられており、住持に断りなく宝物が出し入れできないように厳重に管理されていました。しかしながら、明治八年（一八七五）には祖師御真筆が格護されていた宝蔵が災禍に遭いました。身延山は甲斐国の山奥に位置するため、山中にある寺院の宿命とでもいいましょうか、まさに火災との戦いの歴史でした。言い換えれば、度重なる火災から堂宇や宝物を守ることが歴代住持の教訓となっていたのです。一方、法華経寺では二世の「常師目録」、三世の「祐師目録」といった先師の宝物目録があり、御真蹟を始めとする宝物が厳重に護持されてきました。貫首が交替する折に宝物台帳を基に伝来する御宝物が確認され引き継がれてきたことが、散逸を防ぐ大きな要因であったといえます。こうして歴代住持により厳重に護持された寺院には、貴重な御宝物が現存するわけです。

また、祖師御真蹟の本尊・消息といった御宝物を聖教として信仰してきた人々がいるという点に注目できます。御真蹟の中には調査すると真筆でないものがありますが、これは祖師を顕彰する上では問題ありません。つまり、護持する人が御真蹟として信仰してきた歴史やその伝統が重要となるからです。

祖師ゆかりの寺院に伝わる縁起の中にも祖師を鑽仰するためのものが多く、当然のことながら祖師とのつながりが強調されています。あまりの信仰熱心さから祖師との関わりが脚色されていき、史実以上の話が伝えられる場合があります。数々の法難を乗り越えた祖師の偉大なる生涯が劇的に描かれ、超人間的な事象として劇画化・物語化されていくわけです。これも祖師信仰の高まりからくることであり、祖師信仰の重要な表現方法といえます。

以上のように、祖師の御真蹟類は信仰の宝ですが、その真偽を極めることは学問的に重要なことです。それ以上に、御真蹟を後世に伝えていくことが信仰の継承につながっていきます。僧侶や信徒が大切に護持してきた歴史を語り伝えていくことも忘れてはならないことです。言い換えれば、御真蹟を伝えてきた歴史そのものが祖師信仰を考える上で重要であるということになります。

3　祖師信仰の形態

法華信徒が信仰の対象とする祖師は法華信仰の象徴であり、その信仰は日蓮宗の開祖である祖師に対する崇拝の念があるからに他なりません。

祖師信仰の形態

祖師信仰の表現や形態にはさまざまなものがありますが、その中で特徴的なものを挙げると次の四つになります。

①一代法華
②百日法華
③女人法華
④千箇寺詣

①一代法華

自分一代に限り法華信仰を持つ信仰形態です。他宗の檀徒でありながら題目信仰に入り、法華信仰を一時的に持つ人のことです。近世の檀家制度下において菩提寺が決められた中で、純粋な法華信仰が芽生えた例があります。他宗の信仰を持つ人の中にも、法華の加持祈禱の効験や題目の功徳に触れ、自分の代に限り法華信仰に入るといった人たちがいました。寺院儀礼には、大きく葬祭と祈禱の両面があります。葬祭は菩提寺と先祖供養を主とする関係がみられますが、祈禱は現世利益を通じて、檀家制度の枠を超えた信仰関係が存在するわけです。

②百日法華

百日という限った期間、法華に帰依する信仰形態です。近世の大坂では、正法寺（中央区中寺）の日親《にっしん》上人像に百日間だけ願をかけるという信仰形態がありました。商業都市大坂という、現世利益の欲求が強い地域に芽吹いた信仰です。日親上人は、何ごとにも負けない不屈の精神を持った名僧として崇められ、地域の人々からは流行病である疱瘡の守護神として信仰されていました。大坂の市街中心部の寺院に祀られていた日親上人は、大坂町人の現世利益の信仰を受けとめていたことになります。

③女人法華

男性中心の社会であった鎌倉時代から江戸時代の社会において、女性が自由に信仰を表現できない時代にみられた信仰形態があります。日蓮宗においても、身延山にある七面山がかつて女人禁制の山であったことがあげられます。徳川家康側室のお万の方が女性で初めて七面山に登詣し、以降女人禁制が解かれることになりました。それまでは、七面山の麓で祈願したり、参詣途中にある「七面山遥拝所」で七面山に祈りを捧げ、帰っていったといいます。お万の方自身も強い法華信仰を持ち、徳川家が浄土宗・天台宗の信仰を持つなかで、自らは法華信仰に入り、各地にある祖師の霊跡を巡拝しています。自らの菩提所も身延大野の地に求め、そこには本遠寺が建立されています。一般庶民の女性においても、密かに地域の法華寺院に参詣し、題目を唱えて祈りを捧げた例があります。日蓮宗では鬼子母神が祈禱本尊として盛んに信仰されましたが、これは鬼子母神が子どもの守護神であることに起因しています。医療が未熟であった時代に、女性は安産や子育ての祈りを鬼子母神に捧げていました。鬼子母神は、子を持つ親の信仰対象として存在していたのです。

④千箇寺詣

「御首題帳」(図1-6)を持った法華信徒が千の寺院を廻って拝むという形態の信仰で、菩提寺やゆかりの寺院に「千箇寺成就」の題目塔を建立する篤信者もいるほどです。いわゆる法華の寺院のみを巡拝する信仰で、日蓮宗独特の信仰形態といえます。現在日蓮宗の寺院数は五千数百箇寺といわれていますから(他に法華宗も有)、その内の約五分の一の寺院を廻ることになります。寺院は全国各地に点在していますので、さまざまな地域を訪れることになります。とても信仰がないとできない修行形態です。但し、千という数字はたくさんという意味を示し、千箇寺は必ずしも千という数ではなく多くの寺院を廻るといった意味で使われています。

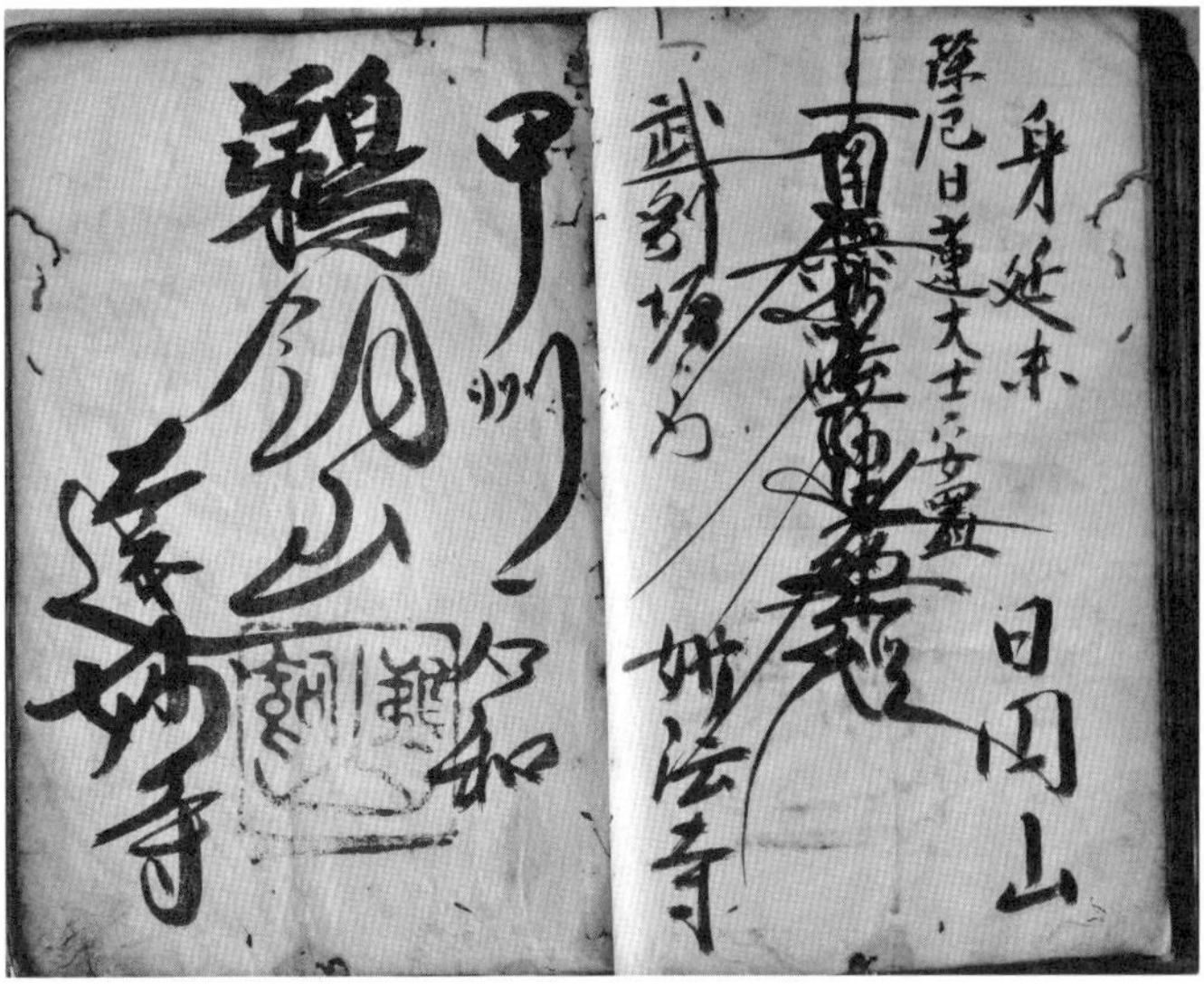

1-6　千箇寺題目帳（御首題帳）

それでは、ここで千箇寺詣に注目して、具体的な信仰形態をみていきましょう。

千箇寺詣の資料

千箇寺にまつわる資料として、曼荼羅本尊に記された千箇寺詣成就者の例があるので紹介してみます。

○日蓮聖人曼荼羅本尊（紺紙金泥）木版刷

一幅　甲斐市玉川　長谷川家

（右）　奉唱満題目六百部造立文殊普賢四天王巡拝霊場一千箇寺以此勲功授与之

（左）　□戒名浄池院蓮往日栄　元禄十二己卯二月時正廿六日　日輝（花押）

（註）文字は朱書

元禄十二年（一六九九）二月二十六日、祖師の形木本尊に霊場一千箇寺巡拝・唱題六百部・仏像造立の功徳によって菩提寺住持から逆修法号（生前に授与される法名）が授与されています。

千箇寺成就の証しとして題目塔の建立がありますが、この石塔が興津理源寺（静岡市清水区）内に建立されているので、その銘文をみてみます。

○千箇寺成就題目塔　一基　興津理源寺境内

（正面）　南無妙法蓮華経　祥瑞山

理源寺

（左側面）　願主　尾州名古屋杦之町

奉巡詣二千箇寺成就開眼供養

宗真院日□

これは、尾張国の宗真院日□という人が東海道身延道入口付近の興津宿にある理源寺に立ち寄った時に二千箇寺巡りを成し遂げ、時の理源寺住持に依頼して開眼供養を行ったものと考えられます。

他にもみられる千箇寺成就石塔の建立例を紹介してみましょう。

○一千箇寺成就供養塔　一基　休息立正寺（山梨県甲州市）境内（次頁の図1-7）

（正面）　妙　成

奉唱首題二千部一千箇寺

法　就

（右）　西原住□野氏

為父母　　以信法蓮
享保七壬寅年
（左）二月十五日
為父母　　道善宗融
牛奥住　内田氏

1-7　千箇寺供養塔

この銘文から、一千箇寺成就の折の享保七年（一七二二）二月十五日、西原の住人□野氏と牛奥の住人内田氏が、父母の菩提を弔うため一千箇寺参りを成就し、題目二千部を唱題したことが読み取れます。このように、現世利益の祈りや先祖菩提を目的として千箇寺詣の修行を行う場合が多く、全国各地の寺院で千箇寺成就の題目塔を発見することができます。

また、駿河国妙栄寺には法華修行

者が用いる笈があり、そこに木札が付され、次のように記されています。
○霊場参詣の笈　一竿　由比妙栄寺（静岡県清水区）蔵
（右）維時明治十八年五月吉辰
（中央）南無日蓮大士　諸国霊場往詣
（左）静岡県駿河国有渡郡広野村六十番地　富田登代
（裏面）（祈禱文字）海陸安全之処
これによれば、明治十八年（一八八五）五月に駿河国有渡郡広野村出身の富田登代（同寺中興一浄院日豊法尼）が全国の法華霊場を行脚したことがわかります。当時の千箇寺詣の人々も、こうした笈を背負い、諸国霊場を巡拝した姿が想像されます。

千箇寺詣の修行者

江戸時代の千箇寺詣の修行者は、祖師の霊跡巡りをする途中で各地の村々を訪れ、寺院や信徒宅に泊まり、巡拝行為を続けていました。時には、村民の病気平癒を祈り、村人から依頼された加持祈禱を修していました。それは千箇寺詣の修行者の中に法力を持った人がいたからで、彼らは村に巡ってくる宗教者として、尊崇されていたようです。

千箇寺詣にまつわる次の話が本山妙純寺（神奈川県厚木市）に伝えられています。

天保九年（一八三八）正月七日の夜、妙純寺の仁王門に千箇寺行者が一夜の宿をとりました。ところが、冬の寒さに耐えるために燃やした焚き火が失火となり、瞬く間に仁王門をはじめとする諸堂宇は回禄に帰してしまいました。この翌年、本山龍口寺（神奈川県藤沢市）の古い建物をここに移築しましたが、これがかつての妙純寺の本堂ということです。

小説にも千箇寺詣の人が登場します。それは、明治から昭和初期にかけて活躍した泉鏡花の作品「開扉一妖帖」（昭和八年作品）で、その部分を引用してみます。

「南無、身延様——三百六十三段。南無身延様、三百六十四段、南無身延様、三百六十五段……」

もう一息で、頂上の境内という処だから、団扇太鼓もだらりと下げて、音も立てず、千箇寺参りの五十男が、口で石段の数取りをしながら、顔色も青く喘ぎ喘ぎ上るのを——下山の間際に視たことがある。

思出す、あの……五十段ずつ七折ばかり、繋いで掛け、雲の桟はしに似た石段を——麓の旅籠屋で、かき玉の椀に、きざみ昆布のつくだ煮か、それはいい、あろう事か、朝酒を煽りつけた勢いで、通しの夜汽車で、疲れたのを顧みず——時も八月、極暑に、矢声を掛けて駆昇った事がある。……（『鏡花全集』第二十三巻　岩波書店）

この部分は、身延山参詣の折に千箇寺詣の男性が石段の数を数えながら登っていく光景を描いているもので、法華信者の姿が繊細に表現されています。千箇寺詣の信仰行動が、法華信者の中でも特徴的であったことがわかる一節です。

4　江戸の縁日と開帳

江戸時代に生きた庶民の祈りは厄除けが盛んで、病気平癒と商売繁盛がこれに続いていたようです。斎藤月岑《さいとうげっしん》が記した『東都歳事記』には、江戸市域の縁日や開帳儀礼を通じて、神仏の存在が詳細に描かれましたので紹介してみます。

神仏の縁日

江戸の寺院に祀られる神仏の縁日は、例えば薬師如来が十二日、阿弥陀如来が十五日、地蔵菩薩は二十四日と決まっており、法華信仰に関わる神仏と代表的な寺院をあげると次のとおりです。

一日　妙見菩薩……柳島法性寺・新鳥越安盛寺
三日　毘沙門天……下谷宗賢寺
五日　祖師……牛込常泉寺　他
八日　鬼子母神……本所本仏寺・目黒正覚寺
十三日　祖師……堀之内妙法寺・池上本門寺・大塚本伝寺・牛込円福寺・矢崎本覚寺・赤坂円通寺
十四日　上行菩薩……深川浄心寺

十五日　妙見菩薩……一日と同じ
十八日　鬼子母神……八日と同じ
十九日　七面大明神……押上最教寺・高田亮朝院・浅草正覚寺
二十二日　熊谷稲荷……浅草本法寺
二十三日　清正公……白金覚林寺
二十四日　日朝上人……麻布大長寺・深川浄心寺
二十八日　鬼子母神……八日と同じ
※寺院の所在地（肩書）は、近世後期の時点を示し、現在は移転している場合があります。

これによれば、八のつく日の八日・十八日・二十八日が鬼子母神の縁日となっており、十三日という祖師の命日が祖師の日となっている点が注目されます。江戸に勧請されていった七面大明神は、身延七面山の開創日九月十九日に因んだ十九日が縁日となっています。他にも妙見菩薩が降臨した日として一日・十五日があります。

祖師や守護神の縁日には、題目や千巻陀羅尼といった『法華経』の千部読誦や題目の唱題が盛んに修され、境内は日常と異なった宗教的な雰囲気が醸し出されていました。

他にも、十干十二支の日によって縁日が決まっている神仏がありました。

・甲子の日　大黒天……麻布大法寺・牛込経王寺・青山立法寺
・寅の日　毘沙門天……神楽坂善国寺・山谷正法寺・四谷本性寺

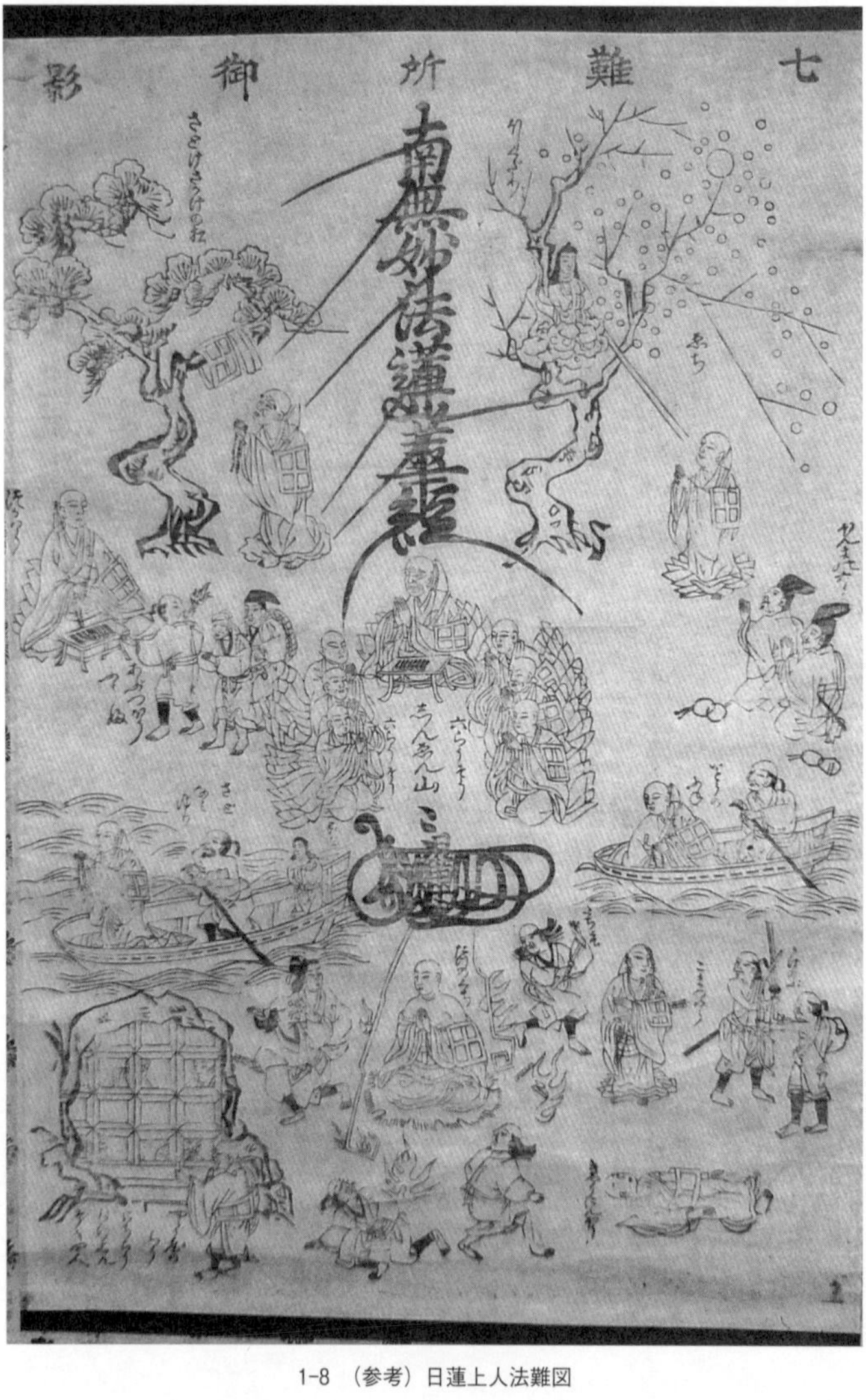

1-8　（参考）日蓮上人法難図

・庚申の日　帝釈天……柴又題経寺

特に、正月・五月・九月は祈禱月で、雑司ヶ谷宝城寺の祖師（十三日）、四谷戒行寺の鬼子母神（十八日）、浅草本性寺の秋山自雲霊神（二十一日）、浅草幸龍寺の柏原明神（十九日）、と年に三回縁日を持つ祖師・守護神がありました。それぞれ祈願の中で、千巻陀羅尼や千巻普賢品を修し、題目をたくさん唱えて神仏に祈りが捧げられました。『遊歴雑記』には、

全て日蓮宗に勧請するものは、よく世上に流行した神仏で、奇妙なことである。例えば、中古碑文谷の仁王、堀之内村の祖師、善国寺の毘沙門天、高田願満の祖師、下谷上野町徳大寺の摩利支天、土富店《どぶだな》の祖師、宗柏寺《そうはくじ》の釈迦、押上村の妙見尊、入谷の鬼子母神、三崎の瘡守《かさもり》稲荷、雑司ヶ谷の鬼子母神、柴又村の帝釈天、長国寺の鷺《さぎ》大明神、下谷妙音寺の弁天、延命院の七面明神の類、みな日蓮宗の僧徒が勧請したものであるが、おのおの流行って縁日には門前に市が出て繁昌している。

とあるように、祖師や鬼子母神をはじめとする法華の祖師・守護神が勧請され、流行っていた様子が具体的に記されています。こうした流行神の信仰について、『梅翁随筆《ばいおうずいひつ》』に、

抑も今、堀之内妙法寺は繁昌し、料理茶屋軒を並べて賑わっている。雑司ヶ谷鬼子母神はいつとなく寂しくなって、大なる茶屋なども潰れて、堀之内へ引き移っている。神も仏も一度は衰える世の理を知るための方便であるか。いよいよ信仰する人がいなくなったのか。

とあるように、世の中の法華勧請の流行神に対する信仰が堀之内妙法寺の祖師に移り、雑司ヶ谷鬼

子母神に対する信仰が廃っていく様子が的確に記されています。したがって、流行神は永年にわたって信仰されていたとは言い難く、同資料に、

今まで願満祖師像が流行り、参詣者が夥しく繁昌していたものが、近年大いに寂《さび》れて参詣者が希になった。寺は甚だ寂しく、境内に草が生じ、塵芥を掃き清める姿は見苦しく情けないことである。総じて世上に流行るものは必ずしも寂れて、後に顧みる者がいないのは人情の常なり。

と高田の願満祖師が流行った時期もあったが、現在は寂れていることが記されています。この流行り廃りはすべての神仏に共通のことで、江戸町人の信仰は移り気であったことがみて取れます。

年に一度行う行事として、重要なものを示してみると、一月一日本所押上春慶寺普賢菩薩、同十七日谷中妙福寺の日親上人、同二十二日猿江妙寿寺の稲荷大明神、六月土用丑の日高田本松寺願満祖師のほうろく加持（灸）、十二月節分の雑司ヶ谷鬼子母神堂追儺、といった注目される神仏の行事がありました。

こうして、江戸では、祖師・鬼子母神・七面大明神・妙見菩薩といった祖師・守護神の開帳が頻繁で、それぞれの縁日には参詣者で賑わったことが窺えます。池上本門寺では、二季の大会として春の千部と秋のお会式があり、盛大に行事を営んでいます。

江戸の流行神

江戸時代に生きた庶民の願いの中でも、病気平癒は盛んで、伝染病が流行したりすると、それを

治癒する流行神が登場したりします。その主なものを紹介しましょう。
①熊谷稲荷……浅草本法寺、寛文年中（一六六一—七三）、盗賊・盗難除
②普賢菩薩……押上春慶寺、寛文年中（一六六一—七三）、開運祈願
③鷺《さぎ》明神……雑司ヶ谷鬼子母神、正徳二年（一七一二）、疱瘡守護
④人頭《にんぞ》明神……谷中本光寺、延享三年（一七四六）、頭痛守護
⑤秋山自雲霊神《しゅうざんじうんれいじん》……浅草本性寺、宝暦十三年（一七六三）、痔病守護（図1-9）
⑥瘡守稲荷……谷中大圓寺、享和年間（一八〇一—〇四）、腫れ物・腰より下の病守護

この中にはあまり聞いたことのない守護神もあり、江戸時代になって登場してきた守護神も多々あります。江戸町人は、御利益のある神仏を聞きつけると、わざわざそこへ出向いて祈りを捧げたわけです。

ここで、秋山自雲霊神という痔の神様の御利益について、『遊歴雑記』を引用してみてみましょう。

当寺に痔仏という仏が門内の左にありて、児女・小人が歩みを運び、痔疾に悩む者が祈願するほど霊験が著しいという。小祠の前に心々に捧げし幡は何十本と数を知らない。何という仏か、痔疾を平穏すること疑いがない。（中略）常に日蓮宗を信じ読経・題目の口称もまた怠ることがない。しかるに三十八歳の頃より痔疾に悩み、衆医手を尽くせども（中略）さればもろもろの仏神へ大誓願を発して死後に痔疾の人を必ず救いたいと、今はただ日夜このことのみを願う。我が七カ年の間この難病を請て世の人の病を推察する。死後に必ずこの詞を信じて疑わないと

1-9　本性寺秋山自雲霊神標石

> いう。終に延享元年九月二十一日に誦経して死んだため、すなわち当寺へ葬り、法名を秋山自雲と号する。

と紹介され、痔疾に悩む人を救う法華の守護神として浅草の地に突如出現することになりました。そして、

> その後痔疾に苦しむこと三年、医療の効果なくすでに死に向かおうとしている。時に古き朋友である故に自雲の祠のことを思い出し、頻繁に信願を発し念ぜしに、大病が二月を過ずして平癒した。これより誰が言うことなく世上に流布して遠近の貴賤が歩みを運びて、痔疾全快の祈願を依頼するに、悉くその利益あり。（『遊歴雑記』）

と、痔で悩む人が遠近を問わず足を運ぶほどの霊験顕著な守護神として知られていました。

こうした流行神の御利益について、熊谷稲荷をみると、十一月一日の眷属祭《けんぞくさい》において火除けの神符を出しています。この神符のご利益について『遊歴雑記』に、

この稲荷の宮より守り札が出る。すなわち毎年九月二十五日より札の切手を出し、極月晦日よりお札を出す。この守り札を門戸または家内に貼り置く時は、盗難を避けること疑いなし。また懐にしまい、首にかけて信心する時は道中剣難・盗賊の難に遭うことはない。

と、盗難・剣難などの災難を避けることができるとし、災難避けといったことを売り物にしています。

こうした守護神も近代に入るとその名称に変化がみられます。『武江年表』の明治三年（一八七〇）の項をみると、「谷中大圓寺瘡守稲荷本堂へ移し、薬王菩薩と号す。浅草八軒寺町本法寺熊谷稲荷も普賢菩薩と改む」とあります。つまり、流行神は明治政府の神仏分離政策によって神像と仏像に区別されたため、守護神は仏教の菩薩と名称を変えることにより寺院に留まることができたわけです。また、同五年（一八七二）の項には、「三月朔日より晦日まで深川浄心寺祖師・七面菩薩開帳」とあり、身延久遠寺の七面大明神も仏教の菩薩号を持つ仏像名に変わっていました。

開帳には居開帳と出開帳がありますが、出開帳には全国各地から神仏が江戸にあつまってきています。身延山久遠寺の場合は江戸時代に十回出開帳を行っています。関西地方からも、京都勝光寺の妙見菩薩・子安鬼子母神、京都本圀（国）寺の清正公、頂妙寺の二天像といった法華の守護神が遥々出開帳されています。開帳を行う場所も芝・深川・浅草・押上といった地域で、人のあつまる好立地が選ばれました。開帳される神仏をみると、身延久遠寺の場合には祖師像に併せて七面大明神・日朝上人といった身延山の霊験ある守護神です。出開帳の折の開帳札には日蓮大菩薩・七面大明神の名称が表面に並記されており、守護神の御利益が江戸に浸透していたことがわかります。本圀寺でも祖師像に併せて釈尊・大黒天・清正公といった守護神が出陣されていました。このように祖師と守護神がそれぞれ持つ御利益が重なり、日蓮教団独特の加持祈禱が開帳場では修され、江戸町人の信仰を得ていたわけです。

第二章　神仏の儀礼

1　開帳儀礼と江戸町人

江戸時代に盛んに営まれた宗教行事に開帳儀礼があります。これは、縁日や法要の折に数日間行われる短期間のものと、五十～六十日間行われるものがありましたが、江戸では後者の開帳が盛んでした。幕藩体制下では、幕府の寺社助成策の一環として実施されましたので、開帳の興行にあたっては幕府の許可を必要としていました。

願書には、宗派、実施理由、開帳仏像、霊宝、開帳期間、開帳場所などが記載され、領主や代官といった地域行政の首長の許可を受けなければ実施できませんでした。江戸での開帳は寺社奉行が掌握しました。開帳許可は、三十三年を一区切りとして制限されたため、基本的にこの期間内に同じ仏像の開帳を実施することはできませんでした。

開帳を行う意義

現在行われている開帳は本来開扉《かいひ》といいますが、『古事類苑』に「開帳とは常に帳中に秘する神仏を開扉して広く一般の人に礼拝させるをいう」とあるように、元来秘仏である仏像の扉を開くという意味からきています。実際には寺院で開帳儀礼が営まれると、神仏の像を開扉し、その後寺院に所蔵されている御宝物を拝観しました。ところが、現在寺院に開帳祈願を依頼すると、仏像の開扉のみで終わる場合がほとんどです。本来の開帳は、開帳寺院の御宝物を拝することまで含め儀礼とすることが注目できる点です。

一方、寺院側にとって開帳を行う理由の一つに諸堂宇の修理・再建がありました。

さて、江戸における日蓮宗の開帳は、宝永二年（一七〇五）京都本国（圀）寺が本所法恩寺で行った出開帳が最も早く、居開帳では享保十八年（一七三三）に大久保法善寺が七面大明神を開帳したのが初見といわれています。北村行遠《きたむらぎょうおん》氏の研究（『近世開帳の研究』）によれば、居開帳は、承応三年（一六五四）から慶応四年（一八六八）までの約二一五年間に三三七の寺社、出開帳は四四一の寺社七四一回で、都合七七八の寺社、一五六六回の開帳が江戸で実施されていたことが知られます。日蓮宗寺院の開帳は、一四五カ寺二八一回で、居開帳が六十カ寺一〇〇回、出開帳が八十五カ寺一八一回となり、居開帳とともに、出開帳もかなり行われていたことがわかります。

出開帳の神仏

開帳される神仏は、釈迦・観音・薬師・阿弥陀三尊・不動・地蔵・虚空蔵・弁財天が目立っていましたが、その中でも観音像がいちばん多く、次に祖師像でした。

『江戸繁盛記』（寺門静軒《てらかどせいけん》著）には、「嵯峨釈迦、成田不動、信州如来、身延上人の出開帳が多い」と記され、この四つが江戸出開帳の四天王といわれていました。

出開帳を行った寺院と所属する地域をあげると次のようです。

佐渡国……根本寺、一谷妙照寺、実相寺、阿仏坊妙宣寺
甲斐国……身延久遠寺、甲府遠光寺、休息立正寺、石和遠妙寺、小室妙法寺
安房国……小湊誕生寺、小湊妙蓮寺、鴨川鏡忍寺
下総国……平賀本土寺、中山法華経寺、真間弘法寺
上総国……埴谷妙宣寺、興津妙覚寺
武蔵国……八王子本立寺、新曽妙顕寺、柴又題経寺
相模国……長谷光則寺、上依知妙伝寺、比企谷妙本寺、小田原浄永寺、片瀬龍口寺
駿河国……貞松蓮永寺、岩本実相寺、沼津妙海寺、村松海長寺
山城国……本圀寺、本満寺、妙覚寺、頂妙寺、妙満寺

これをみると、出開帳は日蓮教団が展開した地域の由緒ある寺院であったようです。この他の出開帳をみると、越後の日朝寺、同妙光寺、越中の本法寺、常陸の妙徳寺、伊豆の妙法華寺、備前の

蓮昌寺、といった祖師や先師ゆかりの各地の寺院がありました。

これらの中で、出開帳を江戸に出向いて行う寺院として多いのは、下総、武蔵、相模国といった国にある寺院で、出開帳全体の約半数を占めています。これらの寺院のほとんどが祖師に直接ゆかりのある寺院でした。

一方、居開帳の寺院で特に多いのは本所最教寺、同春慶寺、牛込円福寺で、出開帳の開帳場所（宿寺）となったのは、本所、浅草、深川といった下町地域の寺院でした。この中でも浅草地域にある玉泉寺、本法寺、本蔵寺、正覚寺、妙音寺の五カ寺が頻繁に利用されましたが、その他で多いのは深川地域にある浄心寺でした。

出開帳寺院と宿寺との関係をみると次のような例があげられます。本末関係にある寺院同士が多くみられました。

身延久遠寺　↓　深川浄心寺
中山法華経寺　↓　谷中妙法寺、下谷徳大寺、牛込円福寺
松葉谷妙法寺　↓　浅草本覚寺
京都本圀寺　↓　本所法恩寺、浅草幸龍寺

これによれば、出開帳は本末関係にある寺院において行われていたことがわかりますが、この他にも、本末関係に限らず立地条件により出開帳の宿寺が選ばれたこともあり、特に出開帳先は不特定多数の人が集まる浅草地域に集中していました。やはり江戸時代の江戸において人があつまる地

域は浅草であり、法華信仰の盛んな講中《こうじゅう》も浅草、日本橋、神田に多く居住していました。当時の浅草は、江戸の盛り場として賑わっており、開帳の折には境内や門前に見世物小屋、芝居小屋、屋台が軒を連ね、人々の関心をあつめていました。

中山法華経寺の出開帳

ここで、中山法華経寺（千葉県市川市）の鬼子母神像の出開帳の様子をみてみましょう。開帳場所（寺院）の門前には立て札が建てられましたが、その際に次のような通達がありました。

日蓮大菩薩御自作祈禱相伝鬼形鬼子母尊神
　並霊仏霊宝等
来る七月十八日より日数六十日の間浅草新寺町正覚寺の境内で開帳する
　巳三月
中山
役僧

これは中山法華経寺の鬼子母神が浅草正覚寺で六十日間出開帳することを宣伝するもので、併せて法華経寺の霊仏・霊宝も出陳されました。正覚寺の境内には、開帳期間中、次の建物が増設されました。

一　開帳小屋　一カ所

一　勧化所・番屋　二カ所
一　水屋　一カ所
一　仮雪隠　一カ所

開帳場の配役として、霊宝・常経・御符《ごふ》などを扱う僧侶がおり、会所・御宝前・日参場・霊宝場・本堂勧化場・御造酒・高座前に信徒がつき、僧俗別に持ち場が分担されていました。この折の開帳場には、霊仏・霊宝四十三点が展示され、祖師の真筆をはじめ、毒消御符・眼病御符といった御符類まで並べられ、非常に祈禱色の濃い儀礼でした。

開帳が結日《けつじつ》を迎え前日には十四人の僧侶によって通夜説教が行われ、翌日には惣供養が営まれました。この六十日間の開帳期間が終わると、祖師像は江戸城本丸に上りました。大奥御広座敷において開帳され、二十五日に浄心寺に戻され、再び十月のお会式《えしき》に江戸城に上り、十一月四日まで逗留しました。それから浄心寺に再び下り、十一月十九日に浄心寺を出立し、高橋通り～弥勒橋～本所立川通～両国橋～馬喰町通～昌平橋～御成新道～湯島切通し～本郷通～団子坂といった道程で久遠寺江戸触頭の谷中瑞輪寺に到着します。翌二十一日に至ってようやく身延山に向けて出立することになります（『藤岡屋日記』須藤由蔵《すどうよしぞう》著）。

松葉谷妙法寺の出開帳

他にも松葉谷妙法寺（鎌倉市）の出開帳における霊仏・霊宝をみると、釈迦仏立像（祖師随身仏）、出山釈迦仏像（聖徳太子作）、妙見菩薩像（清正公所持）、大黒天像（伝教大師作）、祖師像（日朗上人作）、祖師御真筆、日重・日乾・日遠上人の曼荼羅本尊他が出陳されています。これらは祖師や日蓮宗の先師ゆかりのもので、霊験あらたかな御宝物の数々は、出開帳に参詣する人が御利益を得る目的がありました。

中山法華経寺における出開帳のルートは、「中山嘉永五年開帳細記」によると、法華経寺〜行徳〜（船）〜芝正伝寺〜昌平坂〜下谷〜山下廣徳寺〜宿寺（浅草本蔵寺）となっていたようです。この順路について、『東都歳事記』には「法華宗開帳の場所は、何国に限らず、芝金杉正伝寺（図2-1）に至り、蓮台へ移して、それより通りを経て開帳寺院へ到着することが慣わしである」と記されているように、各地の寺院の日蓮宗の神仏は一端正伝寺に集結し、そこで江戸講中が出迎えて宿寺に向かうことが慣習であったようです。

2-1　金杉橋芝浦

開帳場では、説法や祈禱が頻繁に行われ、法華経寺の出開帳における祈禱は、山内の遠寿院と智泉院が交

2-2　「日蓮記」松葉谷法難の場面

代で修していました。

当時の開帳儀礼は祖師像の開扉が主でしたが、鬼子母神・大黒天・妙見菩薩像も出開帳されていたことから、江戸の人々は法華の守護神による加持祈禱の御利益も受けていたようです。

また、江戸における開帳儀礼と江戸歌舞伎は深い結びつきがあり、開帳の折に歌舞伎を興行すれば必ずといっていいほど成功をおさめていました。そこで、日蓮宗寺院の江戸出開帳時における主な歌舞伎興行をあげてみると次のようです。

文政十三年（一八三〇）「南爾審来妙法経」　身延奥院祖師出開帳
天保八年（一八三七）「日蓮記」「一世一代功力妙法字」　身延本院天拝祖師出開帳
安政四年（一八五七）「当南身延妙利益」　身延本院天拝祖師出開帳
慶応三年（一八六七）「報恩日蓮記」（図2-2）　中山法華経寺祖師像出開帳

これによると、身延久遠寺、中山法華経寺の二カ寺の出開帳の折に祖師や法華経・題目にまつわる歌舞伎が興行されていたことがわかります。

以上みてきたように、日蓮宗の出開帳は、江戸で盛んであり、全国各地の祖師像や守護神像が開扉されました。寺院は出開帳を通じた収益を諸堂の建立・再建に充てていたのであり、その金額は莫大なものでした。したがって、江戸後期の浅草地域にある寺院には、全国の神仏が頻繁に訪れたようです。こうしてみると、出開帳は純粋な儀礼とは言い難いですが、参詣人が開帳される神仏と結縁し、現世利益の祈りを捧げたのは事実のようです。

2　身延山祖師像の江戸出開帳

ここでは、身延山久遠寺（山梨県身延町）祖師像の江戸出開帳の内容について詳しくみてみます。
身延山久遠寺の江戸出開帳は、江戸時代にわたって十回行われていますが、これは成田山新勝寺（千葉県成田市）の十二回に次ぐ回数です。

出開帳の歴史

そこで、出開帳の内容と身延山の状況について記してみると次のようです。

延享四年（一七四七）　朝師堂他の山内十一カ坊が焼失
①宝暦三年（一七五三）　古仏堂祖師像出開帳
②明和七年（一七七〇）　奥の院祖師像出開帳
安永五年（一七七六）　七面堂が残らず焼失
③天明八年（一七八八）　古仏堂祖師像出開帳
④文化四年（一八〇七）　奥の院祖師像出開帳
⑤文政三年（一八二〇）　古仏堂祖師像出開帳
同　七年（一八二四）　祖師堂より出災し、諸堂十三棟焼失

2-3　身延山朝詣群集新大橋の景

同十一年（一八二八）　大風雨洪水のため、山内諸橋等流失

同十二年（一八二九）　五重塔より出火し、二十八棟の伽藍堂宇が焼失

⑥文政十三年（一八三〇）　奥の院祖師像出開帳

⑦天保八年（一八三七）　古仏堂祖師像出開帳

⑧嘉永二年（一八四九）　奥の院祖師像出開帳

安政元年（一八五四）　大地震にて山内堂宇坊舎が破損

⑨安政四年（一八五七）　古仏堂祖師像出開帳

⑩文久三年（一八六三）　奥の院祖師像出開帳（図2-3）

開帳する仏像は古仏堂祖師像と奥の院祖師像で、二十年から三十年の間隔でそれぞれ交互に出されました。江戸時代における開帳挙行が三十三年以上の年数制限があるなかで、年数間隔はそれより短いものでした。

また参考として身延山の災害の中でも、出開帳が行われた近世後期に関わるものを挙げてみました。この時期は身延山内伽藍の復興期で、堂宇再建のためには多額の資金が必要とされていたことがわかります。当時の災害を数えてみると、延享四年（一七四七）から安政元年（一八五四）までの約百年間に七回も災害が身延山を襲っています。まさに身延山側にとって近世後期は、伽藍復興に費やされた時代であったといえます。この時期に全国各地へ住持（法主）のご親教や布教師の巡説が幾度か行われ、勧化活動が盛んでした。文政十三年（一八三〇）以降江戸に盛んに出開帳が行われたことは、まさに災害復興の歴史を物語っているわけです。

安政元年（一八五四）の大地震で失われた伽藍の勧募は、同四年（一八五七）七月十九日から六十日間、深川浄心寺において営まれた古仏堂祖師像および天拝七面大明神の出開帳儀礼において実施され、この収入はやはり修復資金に充てられました。

開帳前

開帳の計画は、実施する一、二年前から話し合いが始まり、事前に寺社奉行へ許可願が出されました。江戸の開帳儀礼においては、元講という信仰組織の存在が重要となっています。彼らは講中と寺院との仲立ちを行う重要な役目を担い、伝馬町講の十一名（三河屋清右衛門、京屋源右衛門他）が世話役に選ばれました。開帳の受け入れ体制を整えるために各講中の世話役宅を訪れ、協力を依頼しています。元講の主な仕事として、開帳小屋の造作、開帳立て札の設置、そして開帳全体の運営といったことがありました。

開帳仏である祖師像は、身延文庫に伝わる出開帳日記類によると、六月二十四日に身延山を出立し、万沢宿～二十五日東海道原宿（泊）～二十六日箱根（泊）～二十七日大磯宿（泊）～二十八日神奈川宿（泊）～二十九日品川海徳寺（到着）という六日間の道程で江戸入りしました。七月三日に開帳仏は、芝蓮台講の世話する蓮台に乗り、十九日から開帳場所の深川浄心寺に運ばれています。安政四年（一八五七）の「古仏堂祖師江戸開帳厨司日記」によると、この出開帳に関わった講中に八講（実際には十講）が挙げられています。伝馬町講・芝蓮台講・小石川御日傘講・新吉原水引講・本郷講・駒込講・馬喰町講・東神田講・小網町末広講・赤坂講の十講であり、身延山の出開帳に関わる講中の元締めでした。彼らは開帳期間中に開帳場所に設置された会所に詰め、開帳中の会計管理を行っていました。神仏の江戸入りになってからのパレードは賑やかで、講中が揃いの衣装を着けて、旗を立て江戸の目抜き通りを練り歩きますが、最短距離を行くのではなく、繁華街に廻って道すがらの人から寄進を受けました。十講は出開帳のプロデューサーとなり、行列や行事を賑やかにするために尽力しています。この状況について、『宝暦現来集』（山田桂翁著）に、

日蓮上人開帳送迎の旗が文化三年の頃に殊の外盛んになった。いかにも立派に仕立て、祭礼のような幟ではなく、中には日蓮一代記の華やかな部分を取り上げて金銀を散りばめ、幅三尺余りの掛け物に仕立て、これを竿につける。この行事には百両余りも費用をかけ、金襴ビロードを誂え、江戸講中の七十～八十軒が参加している。余りに盛大で、時には町奉行が開帳行事を停止させることもあった。

とあるように、文化三年（一八〇六）頃の日蓮宗の開帳儀礼は盛大であり、江戸市域の多くの講中

が参加したため混雑し、時には開帳が中止させられることもあったようです。

開帳中——七月十九日から九月十九日までの六十日間

江戸の諸講中は、それぞれ役割分担して開帳場所の世話役を務めました。安政の「古仏堂祖師江戸開帳日記録」によると、「東神田・駒込・小石川・本郷・吉原・馬喰町・小網町末広・芝蓮台・赤坂・伝馬町、以上十講世話人、六十日の間会所へ詰める衆なり」と十講は出開帳の世話人として開帳儀礼を取り仕切っていました。その他にも深川大工町講・深森講・佐賀町講・土橋講・砂村講・六間堀講・廿三日講・一乗講・御花摘講他の十講は、宝前向へ詰めていたようです。

出開帳の場には、多くの江戸市域の講中があつまりました。開帳中に参詣者が求めたものに、祈願札・洗米・御符といったものがありましたが、その数量を示すと次のようになります。

祖師札	五万七三二六枚
七面宮札	二万〇三二八枚
祖師洗米	一万三四五九個
七面洗米	六万二六六八個
毒消御符	一六万三三七〇個
虫切御符	七万六一五〇個
開帳木札	一万二九二八枚

祖師や身延山の守護神である七面大明神の御札や洗米、毒消・虫切御符などが御守として参拝者に多く求められたことがわかります。この開帳中の状況について、『武江年表』に、

甲州身延山祖師七面宮開帳、参詣群集し、毎朝未明より開門を待っている。神事の時持ち出す万灯というものがあるが、講中の輩は思い思いの行灯を作り、灯火してこれをかつぎ、群《むれ》をなして一様の衣類を着て太鼓を打ち、題目を唱えて道を往来する人が絶えない。

とあり、万灯があつまって団扇太鼓が打ち鳴らされ、祭りのような雰囲気であった様子が記されています。

一方、開帳中の賑やかさを危険に感じた人がおり、これは次の触書からわかります。

深川浄心寺境内にて身延山奥院開帳中の折に、日々暁より参詣人が群れになって提灯や万灯を拵え、太鼓を打ち騒がしく往来している。よって、喧嘩口論が生じてはよくないので神妙に参詣するように店々に申し渡した。

どうも浄心寺周囲に住む人々の中には、出開帳中の万灯行列が騒がしく、太鼓の音をうるさく感じた人がいたようです。

開帳後（閉帳後）――九月十九日以降

九月十九日は結日として浄心寺で惣供養の法要が修されました。祖師像は閉帳後も江戸城大奥女性や江戸信徒の招請を受けて、約二カ月間江戸に逗留することになります。法要後は十講が中心と

なって会場の後片付けを行い、江戸出立に至るまで責任をもって対応します。
出開帳儀礼を終えた仏像は、十一月二十日八王子宿（泊）～二十一日上野原宿（泊）～二十二日黒野田宿（泊）～二十三日甲府（泊）～二十四日下山宿（泊）～二十五日身延山、というように江戸から身延山への帰途は往路と同じ六日間で、甲州街道を通る道程でした。
この一連の出開帳儀礼の中でも、嘉永二年（一八四九）の出開帳に関して「巷街贅説《こうがいぜいせつ》」は次のように記しています。

開帳は通常十日の日延べがあるが、日蓮宗の開帳に限っては日延べがなく、境内は見世物小屋などはみられない。参詣者は日々に群集し、収入も夥しく、近年の開帳とは思えぬほど立派である。これは実に妙法の徳である。

身延山をはじめとする日蓮宗の出開帳は、信仰を主とした純粋な儀礼であった様子が受け取れ、物見遊山を伴う他宗派の出開帳とは違うことがわかります。一般の出開帳は、信仰儀礼として営まれるものの、開帳場となる寺院の境内や付近の盛場に見世物小屋や飲食店などが随所に設けられ、観光地のような賑わいを見せていたからです。江戸町人は、当時の出開帳儀礼に対し、神仏に祈りを捧げつつ、娯楽も求めていたと思われます。

出開帳の収支

身延山の出開帳における収支は、嘉永二年（一八四九）の出開帳の場合をみると、次のようです。

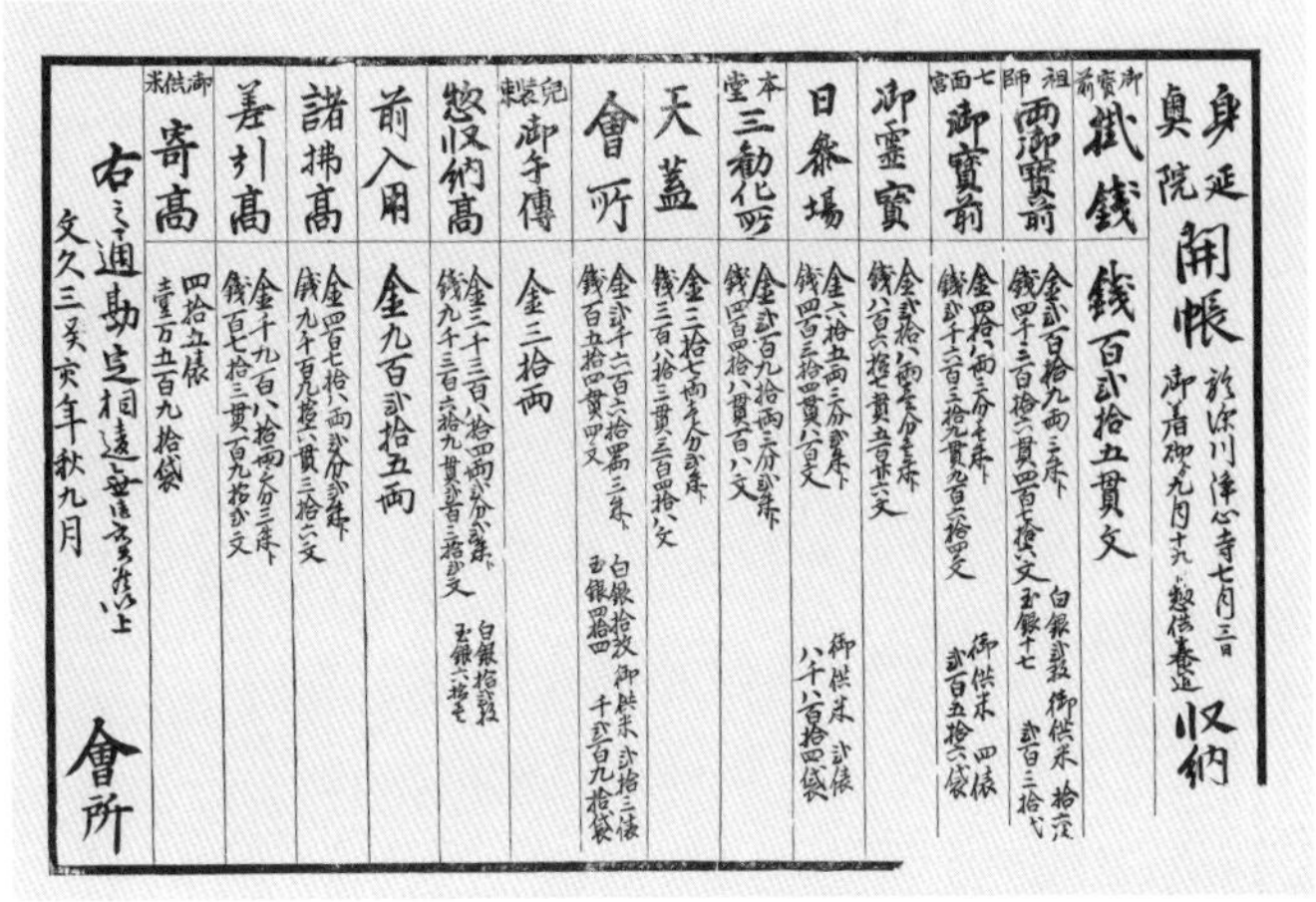
身延奥院開帳　於深川浄心寺七月三日御着御〆九月十九日迄　収納
御賽前賽銭　銭百弐拾五貫文
祖師御宝前　金弐百拾九両三朱ト　銭四千三百拾六貫四百七拾六文　白銀弐枚　玉銀十七　御供米　拾六俵　弐百三拾弐
七面宮御宝前　金四拾八両三分ト　銭弐千六百三拾九貫九百六拾四文　御供米　四俵　弐百五拾六袋
御霊宝　金弐拾八両壱分ト　銭八百六拾七貫五百廿六文
日参場　金六拾五両三分弐朱ト　銭四百三拾四貫八百文　御供米　弐俵　八千八百拾四袋
本堂三勧化所　金弐百九拾両三分弐朱ト　銭四百四拾八貫百八文
天蓋　金三拾七両三分弐朱ト　銭三百八拾三貫三百四拾八文
會所　金弐千六百六拾四両三朱ト　銭百五拾四貫四文　白銀拾枚　玉銀四拾四　御供米　弐拾三俵　千弐百九拾袋
兜装束御手傳　金三拾両
惣収納高　金三千三百八拾四両弐分六朱ト　銭九千三百六拾九貫弐百三拾弐文　白銀拾弐枚　玉銀六拾七
前入用　金九百弐拾五両
諸拂高　金四百七拾八両弐分弐朱ト　銭九千百九拾壱貫三拾六文
差引高　金千九百八拾両三分三朱ト　銭百七拾三貫百九拾弐文
御供米寄高　四拾五俵　壹万五百九拾袋
右之通勘定相違無之候以上
文久三癸亥年秋九月
會所

2-4　（参考）文久3年「身延奥院開帳収納高」

収入は奉納金四一七五両二分銭二六二貫文、支出は一一一〇両銭六八六文で、差し引き約三〇六五両となり、長野善光寺の出開帳の純利益に比べて収入は多いことになります。

日蓮宗の開帳、特に身延山の江戸出開帳の折に江戸講中の果たした役割は大きく、開帳儀礼は、その寺院僧侶はさることながら、講中の出仕と江戸町人の信仰によって支えられていたといっても過言ではありません。

江戸と開帳仏のつながりは深くなり、江戸町人の祭り好きの気質と法華信仰が結びついたことにより、開帳儀礼は賑わいをみせていったわけです。祖師の波乱に富んだ生涯、万灯・団扇太鼓の賑やかさ、題目の功徳といったものが、江戸に住む火消し、商人、職人、女性層に受け入れられたようです。

3　法華千部会と法華信徒――堀之内妙法寺

　千部会とは、先祖の追善・自らの祈願のために千部の経典を読誦する法会のことです。この儀礼は各宗派で修されますが、日蓮宗では法華千部会といって「妙法蓮華経」一部八巻二十八品を千部読誦する儀礼です。一人で行えば千巻となり、読誦するのがたいへんに思えますが、十人で行えば百巻、百人では十巻ですみます。天平二十年（七四八）に聖武天皇が先帝・元正天皇の崩御に際し、法華経千部を書写して供養したのが千部会の始まりといわれています。

千部会の由緒

　江戸時代の江戸の年中行事を記した『東都歳事記』には、江戸市域にある堀之内妙法寺（杉並区堀ノ内）、池上本門寺、深川浄心寺、下谷宗延寺（現在杉並区に移転）、牛込幸国寺、中山法華経寺などで行われていたことが記されています。そこで、現在も盛んに行われている堀之内妙法寺の千部会を同寺縁起より紹介してみます。

（前略）報恩の一分はご威光倍増にしていよいよ感応を祈り給い、これにより毎年七月十八日より同月二十七日まで永代不易の千部を読誦し、法味を供え、大願を起こすところである。されども大望のことなれば、信心の方々が力を合わせて、継続して行事に参列し、寄付をお願いするのみである。

明和三年丙戌十月

堀之内妙法寺　　十六世日沼

これによれば、明和三年（一七六六）に妙法寺十六世日沼上人の代に法華千部会が発願され、翌年に営まれたことがわかります。妙法寺における行事の賑わいは、『江戸名所図会』に「毎年七月法華千部、十月十三日御影《みえいく》供を修行し、その間群集稲麻《とうま》のごとくである」とあり、『東都歳事記』にも「堀之内妙法寺の千部会、二十七日まで修行され、この間遠近の老少日毎に足を運ぶ」とあることから、近世に営まれた千部会の賑やかな様子が想像されます。

千部会の目的

妙法寺の千部会の目的は、先祖廻向や祈願を伴う僧侶の『法華経』読誦による施主の先祖供養や現世安穏の祈願にありましたが、寺社奉行への願書に「拙寺諸堂修復助成の為」とあるように、実際には堂宇修復のための募金が主たる目的でした。しかしながら法要の荘厳さや廻向・祈願目的によって江戸や近郊の講中が参詣し、この数は年を追うごとに増えていきました。多い時には江戸市域に存在する日蓮宗の講中の半分が妙法寺に参詣したといいます。

『梅翁随筆』の「堀之内、下谷両祖師の事」の項には、

堀之内妙法寺は、昔は知られていない寺院であったが、四谷新宿が駅舎となって交通の拠点と

2-5　堀之内妙法寺安置厄除祖師像（木版刷）

なると、その周辺にある妙法寺の張御符の功徳も世に知られていった。これにより寄付金があつまり、堂宇を新たに建立した。それが現在の金銀を散りばめた厨子（宮殿）に入れられている祖師像である。それ以前は厨子も緞帳《どんちょう》もなく、祖師像が露わになっていたようである。百匹の初穂料を納めれば祖師像を拝することができる。

と御張御符の御利益や祖師像礼拝の功徳を記しています。祖師像の御利益は、「厄除祖師像」（図2-5）として江戸周辺に住む人々に知れ渡り、地域を越えて広く信仰されました。厄除けの由来は、陰陽道にあるといわれ、近世の『和漢三才図会』には、「俗に男は二十五、四十二、六十一才、女は十九、三十三、二十七、男は四十二をもって、女は三十三をもって大厄となす。男四十二の前年を前厄、翌年を挑厄《はねやく》といい、前後三年を忌む」とあり、近世社会の中にも厄除け信仰が根づいていました。

「陀羅尼」を数多く読経する儀礼は千巻陀羅尼、万巻陀羅尼といい、江戸の日蓮宗寺院で修することが多かったといいます。どうやら日蓮宗の祈禱においては、経典を数多く読誦することが現世利益に繋がったようです。

千部会と講中

妙法寺における「千部会」は、明和四年（一七六七）頃に年中行事として定着し、江戸市中の町中に「千部講中」という信仰組織が編成され、それらの講中が施主となって盛大な法会が営まれていたようです。以来二百余年にわたり、千部会は江戸庶民にとって地域の祭りと繋がって定着し、現在まで続けられている寺院も多くあります。

現在東京で行われている「法華千部会」の中で、実際に『妙法蓮華経』の一部経を読誦するのは堀之内妙法寺のみです。三日間にわたり大勢の僧侶が読経する様子は荘厳なもので、これは法要に参列してみると体感できます。寺院に参詣して『法華経』の雰囲気に浸ること（法華三昧）が大事で、『法華経』と一体となり、多くの功徳を積むことができるとされています。この功徳によって参詣者は、世界平和、国家安泰を祈願するとともに、自らの先祖供養や現世安穏の祈りを捧げるわけです。

池上本門寺（大田区池上）では、四月二十七～二十九日の立教開宗会に合わせて千部会が営まれ、周辺地域では「春の千部会、秋のお会式」として参詣者が訪れます。本門寺の千部会とお会式には祖師堂に安置される祖師像の衣替えの行事が営まれますが、その衣を寄進したのは、池上近郊に住む武相講の人々でした。彼らは法華信仰が篤く、現在でも本門寺の年中行事に積極的に参加しています。

妙法寺の由緒

妙法寺は元真言宗の尼寺でしたが、元和年間（一六一五〜二四）に、覚仙院日逕上人が老母日圓法尼の菩提のために日蓮宗に改宗しました。よって日圓法尼を開山とし、山号は法尼を顕彰して日圓山とし、寺号を題目に因んで妙法寺と命名しました。日蓮宗の本山（由緒寺院）で、「堀之内のおそっさま」と呼ばれ、厄除けのご利益がある寺院として広く知られています。厄除けの際の厄歳は男性は二十五歳と四十二歳、女性は十九歳と三十三歳が本厄で、その前後が前後厄となっています。

妙法寺の境内には、多くの題目石塔が建立されていますが、千部会が盛んとなった明和元年（一七六四）七月大吉祥日付の題目塔には「除厄日蓮大菩薩安置」と記され、江戸講中がこの塔を奉納した主旨が刻まれています。下段にある講中の名称をみると、江戸の京橋、堺町、日本橋といった地名が刻まれており、江戸市域に住む題目講中の人々が妙法寺の年中行事に参列していたようです。

4　江戸町人と講中

江戸時代の庶民信仰を考える時、江戸各所に存在する講中の果たした役割は計り知れないものがあります。

講とは

講の語義をみると、「講義」「講読」の「講」であり、古くは平安時代に仏典を講読・研究する僧の集団を指すものでした。後に仏典の講読を中心とする仏事（講会）を示すようになり、さらに各種の仏教儀式一般に講という名称をつけるようになりました。社会的なもの、経済的なもの、信仰的なもの、娯楽的なものなどさまざまな目的をもつ講がありますが、法華信仰を考える上では、信仰的な機能が重要となります。

講は古くは平安時代から存在するわけですが、江戸時代に入ると地域社会と結びつき、拡がりをみせます。宗教的な講組織は、寺院や神社に参詣し、寄進活動を行っています。寺院においては諸堂宇建立・再建のために勧進が行われ、この折りに講中単位で寄進を行います。

都市部では、祖師の遠忌や年中行事の折に講中が盛んに江戸市域の法華寺院に登詣し、行事に参列しています。そこで、どのような名称の講中があるのか考えてみると、いずれも儀礼の折に「南無妙法蓮華経」の題目七字を唱えるので、題目講と呼ばれています。

題目講の種類

題目講の信仰内容について、『日蓮宗事典』には、

①祖先の追善供養

②現世利益の祈禱

③自らの修行

という三つの要素があり、すべての要素を基本的に持ちながらも、いずれかを主眼として行動しているとあります。また、講の形態としては、

①寺院で行うもの

②村や町などの在家宅で自主的に行うもの

③祈禱師や先達宅で行うもの

と区別できます。講の名称についてみてみると、

①祖師に関する講……十三日講

②守護神に関する講……妙見講、鬼子母神講、稲荷講

③地名に関する講……日本橋講、深川講、浅草新寺町講

といった講中が存在するとしています。

日蓮宗の講の活動を知る資料として、寛文二年（一六六二）九月に、「題目講・念仏講、表店《おもてだな》にて一切執行仕り間敷事」（『徳川禁令考』）とあるように、念仏と題目に関する講中の活動は一時禁止されていました。元禄七年（一六九四）には、「町中表店にて念仏講・題目講と名付け、鉦や太鼓を叩き、念仏・題目を唱え、大勢人集り致し候儀、停止に候」（『御触書寛保集成』）とあるように、講の信仰活動は盛んであり、市街地に人があつまって行事を行うことは騒がしいのか禁止されていました。

講の信仰活動

こうした講中の主な信仰活動をみてみると、
①寺院の年中行事への出仕
②身延山久遠寺や祖師ゆかりの寺院への巡拝
③講中で信仰活動を行い、講員の廻向・祈願を行う
といった内容のものがありました。

江戸に住む法華信徒にとって、地方の神仏を拝する機会はあまりありませんでしたが、身近な場所で修される身延山の祖師像の江戸出開帳や中山法華経寺の鬼子母神の加持祈禱などによって、祖師や守護神のご利益が江戸町人に次第に宣伝されていきました。

江戸出開帳と講中

身延山久遠寺の江戸出開帳の折には、百四十余の講中の参加がみられ、最盛期には江戸市域に二百の講中が存在していたといわれています。地域別の講数をみてみると、本所・深川、浅草・下谷、神田・湯島・小石川、日本橋・京橋、牛込・四谷・内藤新宿、麻布・芝・高輪、といった地域に多く講の存在がみられます。

それぞれの講の名称には次の特徴があります。

①地名を冠した講……外神田講、浅草新寺町講、巣鴨講
②祖師や守護神を冠した講……鬼子母神講、妙見講
③儀礼行事を冠した講……七五三講、浅草廿八日講、馬喰町誕生会講
④日時を冠した講……八日講、十二日講、十三日講
⑤祈願の文字を入れた講……開運講
⑥仏具を冠した講……湯島大塔婆講、新吉原水引講
⑦仏教用語を冠した講……信心不退組合講
⑧その他の講……御花講、題目講、池上最初御花講、妙法講

祖師の入滅された日である十月十三日を偲んだ儀礼をお会式といい、別名、御影《みえい》講ともいいます。他の宗派の講で、江戸の人々によく知られているものに、親鸞の忌日に行われる報恩講があります。

堀之内妙法寺の千部会では、「五カ町講中」といって、日本橋講、神田講、両国講、伝馬町講、

馬喰町講の講中が中心となって行事を取り仕切っています。この五カ町講中は、文政十三年（一八三〇）身延山久遠寺奥の院祖師像の江戸出開帳の折にも江戸講中と久遠寺の取り持ちをしていたようです。

出開帳の資料

身延山の江戸出開帳の折の講中の動向がわかる資料（斎藤月岑『武江年表』宝暦三年の項）を紹介すると、

三月十六日甲州身延山祖師開帳に付き、江戸到着の日、迎えの人数が品川より日本橋に続く。何町講中と書いてある旗がたくさん立っている、四月一日より深川浄心寺にて開帳する。

とあるように、身延山の出開帳の折に講中が迎え、江戸各所の講中の旗が立ち並んでいる光景が目に浮かぶようです。

『江戸府内絵本風俗往来』には、池上本門寺における講中活動の盛んな様子が次のように記されています。

例年十月十三日は、祖師御入滅の日のため、日蓮宗寺院のお会式詣が多く、特に池上本門寺は有名です。江戸市域や近郊のありとあらゆる題目講中が集結し、万灯を作り、群《むれ》をなして団扇太鼓に題目を唱え、日暮前より繰り出している。老若男女憚ることもなく、これが信心であると揃いの手拭いを持ち、品川から大森を通り池上まで練り歩き、疲れを忘れて題目の功徳を頂

2-6　身延山朝参之図

戴して天下泰平を祈っている。

祖師のお会式行事の折に、池上本門寺に日蓮宗の講中があつまり、万灯と団扇太鼓によって練り歩いている様子がよくわかります（図2―6）。明治九年（一八七六）の「結社（講中）一覧表」には、百八十八の江戸各地の講社が記載されています。

題目講の主たる信仰活動として、祖師が提唱した「南無妙法蓮華経」の題目を数多く唱えることがあります。寺院の年中行事や十三日といった祖師の命日に題目を唱え、信仰儀礼を行います。

団扇太鼓を打ちながら修行する題目講の姿は、地域に住む人々の注目をあつめたようで、近世の都市部では、あまりにも太鼓の音が大きいことから、題目講の行事が禁止されたこともありました。

近世後期に至って庶民信仰が浸透していくと、題目講の活動も活発になっていきます。ムラやマチでは、何軒かの日蓮宗信徒があつまって、講員の家を順に回りながら月並の題目講を行います。このような小規模な題目講が幾つもあつまり、地域別の大題目講を結成していきます。

江戸ではありませんが、千葉県夷隅地方には千部講という日蓮宗の講中が存在しています。講組織は、小千部・中千部・大千部があり、地域の字単位の信徒で構成される講から村へ、そして郷単位へと拡がりをみせています。

講中の信仰儀礼

江戸の講中が通常営む儀礼には基本的に僧侶は関与しませんので、信徒の代表たる先達《せんだつ》が講の儀礼を取り仕切ります。講中には儀礼の際に礼拝対象とする曼荼羅本尊が、地域の寺院住持や本山の貫首から授与されます。夷隅地方の各千部講では、池上本門寺、小湊誕生寺といった本山、大野光福寺、行川妙泉寺といった地域の中本寺格寺院の住持から授与された曼荼羅本尊を護持しています。その多くの本尊の授与書きには「授与之〇〇題目講中」といったように講中名が記されます。宛先が講中ということで、講中で行う信仰儀礼の折に掲げられ、礼拝されたと思われれます。本尊の中には「〇〇題目講中一結現安後善」と講員の安全祈願がなされているものもあり、「唱題一千部成就」と修行内容が記されたものもみられます。妙泉寺境内にある天保二年（一八三一）の題目塔には「玄題拾万部、五五〇遠忌」とあり、遠忌《おんき》の折に玄題（題目）が十万遍唱えられ、その記念に題目塔が建立されたことがわかります。

この地域での講中は、題目をたくさん唱えるということで、儀礼の折の題目数を数える算盤が今も伝えられています。これは千部講の儀礼の折に唱えられる題目数と法華経の文字数が深く関係しているからです。漢訳（漢字）の『妙法蓮華経』の文字数は、六万九三八四文字といわれています。寺院僧侶が、頂経偈で、

記の一に曰く、妙法の唱えは唯《ただ》正宗のみに非ず、二十八品倶《とも》に妙と名づくるが故に、故《かるがゆえ》に品々《ほんぽん》の内咸《ことごと》く体等を具し、句々の下《しも》通じて妙名《みょうみょう》を結す。稽首《けいしゅ》妙法蓮華経薩達摩芬陀利伽《さたるまふんだりきゃ》、一帙八軸四七品、六万九千三八四、一一文文是真仏、真仏説法利衆生、衆生皆已成仏道、故我頂礼法華経

と廻向するのをご存じでしょうか。これは、経典（『法華経』）の六万九三八四の個々の漢字はすべて仏であり、一文字ごとに『法華経』読誦の功徳が示されているという意味です。この数を題目の漢字七字で割ると、ちょうど九九一二で割り切れます。つまり、約一万遍の題目を唱えると、『法華経』一巻を読誦したのと同じ数になります。法華信徒は、法華経の功徳を得るためにひたすら題目を唱え、報恩儀礼を行いました。

寺院で修される五十年毎の祖師遠忌の折には法要に参列し、式中に唱えた題目や祖師への報恩の証しとして題目塔を境内に建立し、唱題の数を記入するわけです。

講中の活動拠点は、地域の庵、小堂、講員宅といった場所となります。夷隅地域では、村内に題目堂があり、苅谷村題目堂（千葉県いすみ市）の前には、「奉漸読題目千部」と刻まれた宝永四年（一

2-7　（参考）祖師五百遠忌報恩塔

七〇七）の石塔があり、側面には「題目講信男女一結」とあることから、堂内で修された題目唱題の千部成就の証しとして建立されたことが知られます。この題目堂の台座銘文をみると、「奉再興日蓮大菩薩」「文化八辛未極月日　苅谷村中宿講中」と墨書され、村内の題目講中が再興した祖師像であることがわかります。山中千部講七カ村の供養塚には、天明二年（一七八二）祖師五百遠忌の折に建立された題目塔があります。これには「読誦妙経一千部　勧唱題目千万遍　大戸山正善寺十九世日延（花押）」（正善寺：千葉県夷隅郡大多喜町）と刻まれ、千部講の儀礼に郷内の寺院が供養を行っている例があります。つまり、通常の儀礼は信徒だけで行いますが、最終段階の供養の儀礼には講にゆかりのある近隣寺院の僧侶が関わっていたのです。

第三章　祖師と守護神の霊場

1　江戸の祖師霊場

小川泰堂《たいどう》が著した『日蓮大士真実伝』は、幕末維新期の祖師伝記本として有名で、当時のベストセラーとなっています。そこには、祖師の時代（鎌倉時代）に限ることなく、法華信仰が高揚した近世後期の江戸に祀られた三カ所の祖師像の霊験が記されています。そこで、『日蓮大士真実伝』に登場する江戸の祖師霊場を紹介してみます。

『日蓮大士真実伝』の初版は、和本五冊で刊行されましたが、明治・大正時代に入っても多くの書店から刊行され、祖師の生涯を広く一般庶民に知らしめる役割を果たしました。同書は、祖師伝記本としては大著であり、挿絵についても口絵を入れれば約百場面が使用されていることから絵伝記といってもいいほどです。

著者の泰堂は、文化十一年（一八一四）三月二十一日神奈川県藤沢市に医師の子として生まれ、明治十一年（一八七八）十二月二十五日、六十四歳で没しています。激動の時代にあって、天保七年（一八三六）に江戸で医院を開業し、同九年に浅草蔵前の古本屋で日蓮遺文と出会って感銘を受け、日蓮信奉者となっています。以来、心酔する日蓮遺文の校訂作業を開始しました。慶応元年（一八六五）十月に『高祖遺文録』定本を完成させ、明治九年（一八七六）に上梓しています。この書は明治期の日蓮聖人研究の底本となり、日蓮主義を信奉した国柱会の田中智学や高山樗牛《ちょぎゅう》に影響を与えています。そして、祖師の伝記本としては詳細な、絵入り仮名付きの『日蓮大士真実伝』五巻を慶応三年（一八六七）に著しました。

ここで、挿絵に注目すると、堀之内妙法寺、谷中瑞輪寺、牛込幸国寺といった三カ所の江戸の祖師霊場が伝記の中に登場し、紹介されています。そこで、該当部分をみてみましょう。

堀之内妙法寺（杉並区堀ノ内）

「堀之内妙法寺現証利益の高祖、諸人渇仰し、今なお盛ん也、瑞輪寺の安産幸国寺の悪病除これを江戸三高祖と尊信す」（堀之内妙法寺祖師霊験）（図3-1）

（構図）厄除け祖師で信仰をあつめる堀之内妙法寺の境内が参詣者で賑わっている光景。「江戸一」という酒樽や「十三日講」「（両）領国中」と記された旗が翻り、法華信仰の講中や武家の女中数名の歩く姿が描かれている。「江戸一」は酒の銘柄で、販売していた酒屋は巣鴨の高崎屋である。なお、作者の雪堤は父の雪丹と共に「高崎屋絵図」を描いており、高崎屋と関わりが深い人物と考えられる。

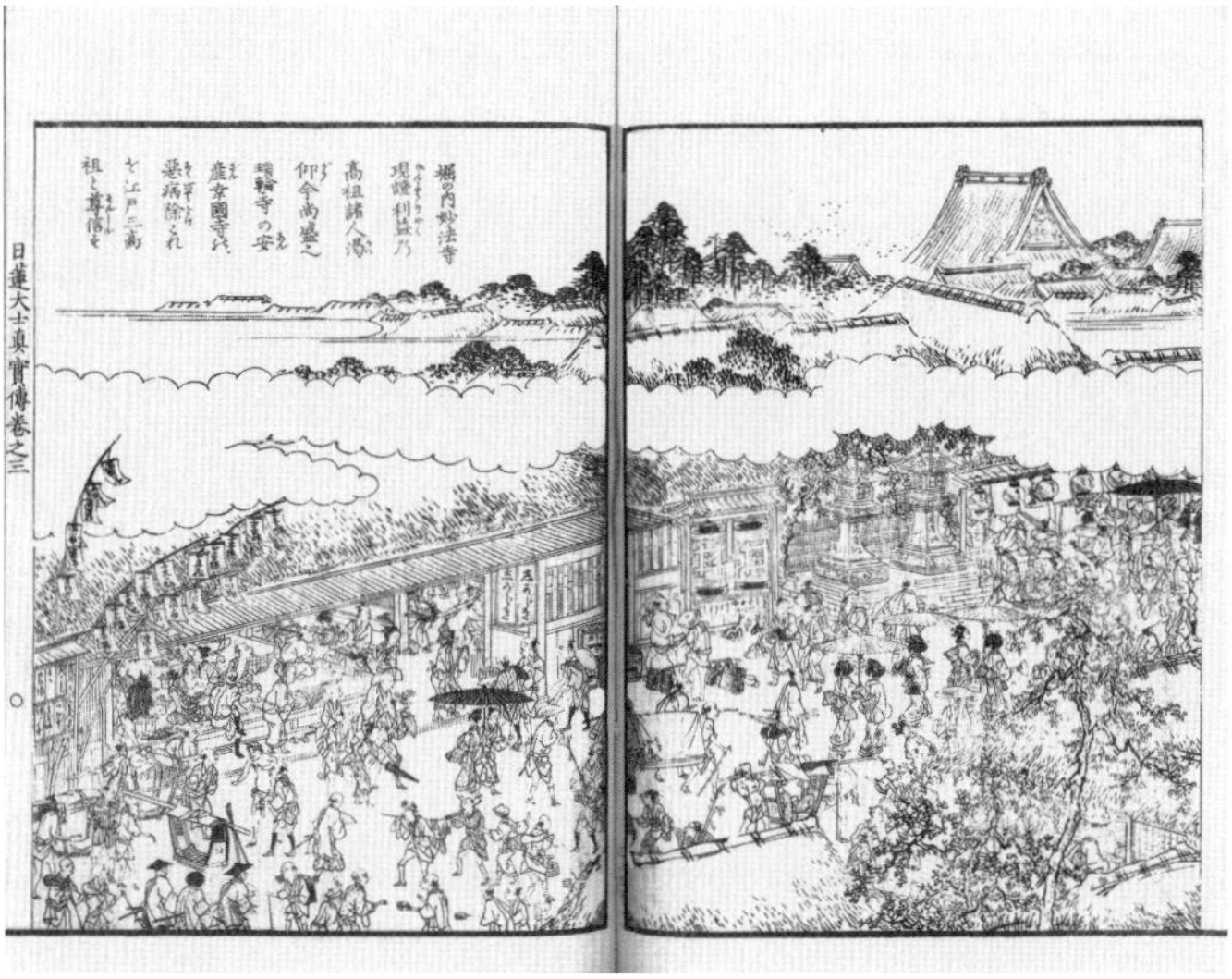

3-1　堀之内妙法寺（『日蓮大士真実伝』）

（本文訳）

祖師像の彫刻としてはこれが始めである。この尊像は、もとは武州碑文谷法華寺に安置されていたが、元禄年中に縁があって同国堀之内村の日円山妙法寺日性上人の代にこの寺に移される。それからこのかた、現証救護の利益が著しく、世間に知られるようになった。また、祖師が伊豆において、伊東八郎左衛門朝高《ともたか》の病気を祈禱する際に認めた護符を日朗上人に相伝する。この尊像は妙法寺に伝わり、世に「御張護符《おはりごふ》」と称して信心帰依の輩は、病気が平癒するのを祈る者が多い。日朗上人の徒弟となった大乗坊日澄上人という僧は、相州小田原の人にして浜名豊後守時成の子である。三歳にして父母を失い、祖母の妙珍という方に育てられ

る。（後略）

堀之内妙法寺の祖師像が元は碑文谷法華寺にあったもので、元禄年中、日性上人の代に妙法寺に遷座されたとあります。これより厄除け祖師として信仰され、現世利益が顕著であることが記され、その後に「御張護符」の功徳が説かれています。いわゆる妙法寺は近世に入って厄除け祖師の霊場として登場した寺院で、祖師との直接のつながりはありません。しかしながら、厄除け祖師像や六老僧の日朗・伊東八郎左衛門とのつながりがあることを強調して御利益ある寺院として江戸の人々に信仰されるようになります。挿絵の内容も江戸後期に祖師信仰が顕著であったことを示す構図となっており、祖師との関係を求めながらも、近世に入って祖師信仰が高揚したことを表現したものといえましょう。

牛込幸国寺（新宿区原町）

「悪病皆癒布引の高祖、江都牛籠幸国寺に安置す、利益今に著明なり」（牛込幸国寺祖師霊験）

（構図）祖師の幟旗が描かれ、多くの信徒が牛込幸国寺の祖師堂に参詣している光景。同寺の祖師像は布引祖師といわれて地域に住む人々の信仰をあつめており、その賑わいを表現した構図。

（本文訳）

この春の末より夏にかけて疫病が流行し、前年と同じ様相である。祖師が牛込の地に来て、人の横死を供養しようとしている。そこで、聖人は仏師に命じて自らの肖像を彫ませ、白布に題目を書してその木像の手にかける。これを使者に渡して、この像は我（日蓮）に間違いない。持ち帰って前年のように、浦々の海に曳き渡すように仰った。彼の国の海岸にてこのことを行うと、程なく病難がなくなったため、国中が大いに喜んで、改宗する者が多いと聞く。この尊像は現在江戸に伝わり、布引祖師として牛込幸国寺に安置されている。

本文には、幸国寺の祖師像は布引祖師として信仰された理由が記され、その由緒を意訳すると次のようです。

文永元年（一二六四）に、安房国小湊（千葉県鴨川市）の地域に疫病がはやり、村人はその地で布教していた祖師に、疫病退散の祈禱を依頼しました。祖師は白布に題目を書き、それを掲げて船に乗って祈禱したところ、忽ち疫病は退散したそうです。そこでその地に建立された妙覚寺には、この時の聖人を慕って祖師像が造立されました。ところが七年後にまた疫病がはやり、この時鎌倉にいた祖師に、再度祈禱を依頼しました。しかしながら布教のため鎌倉を離れられないので、祖師像を彫刻させ、その手に題目を書いた白布をかけ、祖師の身代わりとして弟子に持参させました。小湊の海でこの白布を舟から引かせて祈禱を修したところ、効験あって疫病が退散したので、地域の人々はこの像を小湊誕生寺に祀りました。寛永七年（一六三〇）、江戸に誕生寺末寺の幸国寺が建立されると、この像は同寺に安置されることになりました。以降この祖師像は「江戸十大祖師」の一つとして江戸庶民に信仰されています。

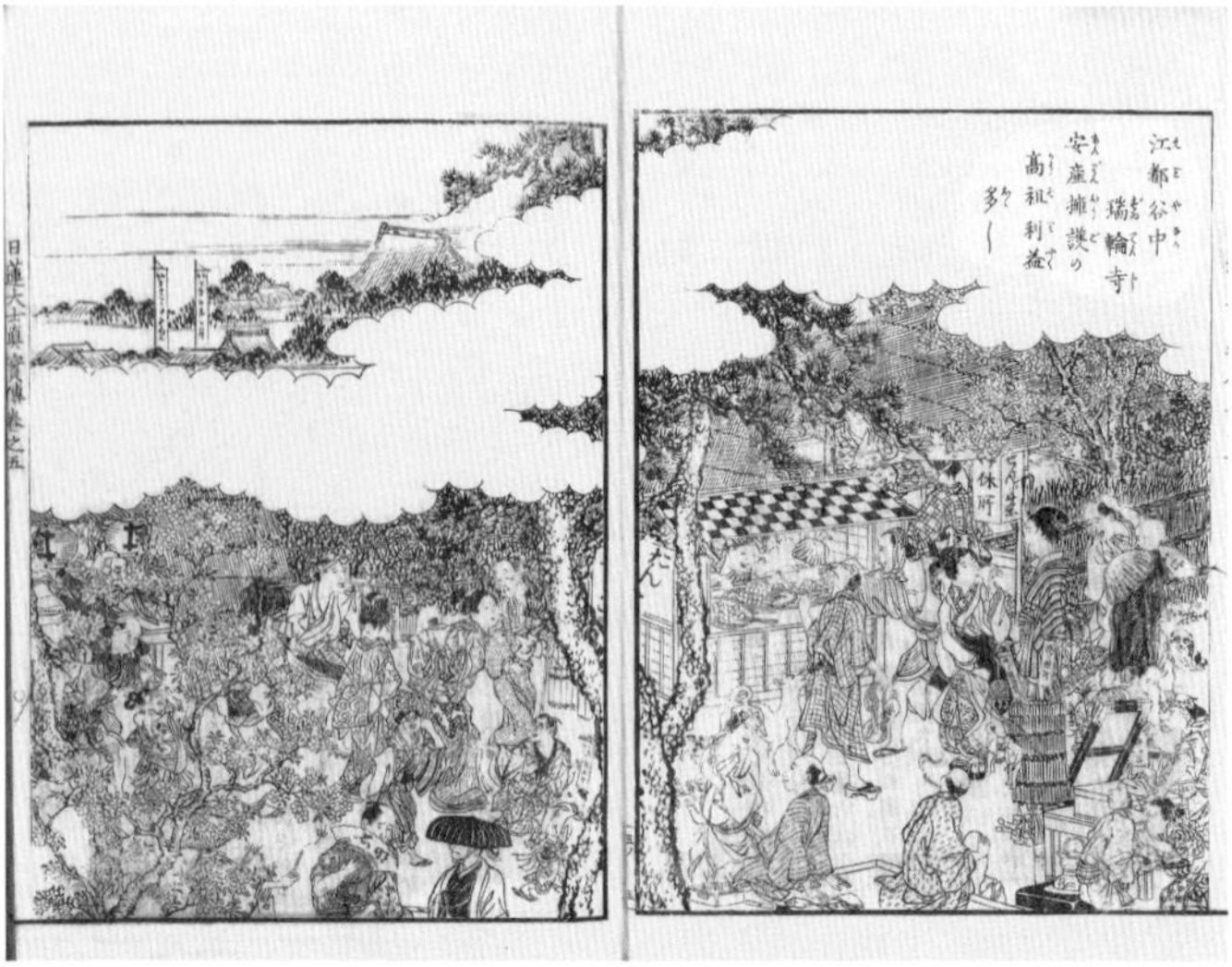

3-2　谷中瑞輪寺（『日蓮大士真実伝』）

谷中瑞輪寺（台東区谷中）

「江都谷中瑞輪寺安産守護の高祖、利益多し」（瑞輪寺安産守護祖師霊験）（図3-2）

（構図）団子屋と茶屋があり、参詣者で賑わっている光景。遠くに瑞輪寺の諸堂宇と幟旗がみえる。

（本文訳）

粂《くめ》川の辺りに関善左衛門という者がいた。その妻が難産に苦しんで救いを願っている。祖師はその家に入って新しい飯匙《しゃもじ》を手に持って、曼荼羅本尊を書して産婦に抱かすと忽ち安産となり、母も子も変わりがない。一家一門がその感応を喜んで改宗し、その飯匙を祖師の尊像の中に彫って腹籠《はらごも》りとした。武州谷中に善性寺を建立してこの尊像を安置すると安産救護の利益が盛んとなる。後に感応寺に移されたが、故あって瑞輪寺に祀り、尊像の御利益は昔と変わらない。

本文には、祖師が佐渡赦免から鎌倉に至る途中の粂川（久米川）において、関善左衛門妻の難産を救った折、しゃもじに曼荼羅本尊を書いて祈願したところ安産となったとあります。この御利益があって祖師の像を彫刻して腹籠りとし、善性寺（荒川区東日暮里）に祀り、その後谷中感応寺から瑞輪寺に遷座されました。こうした、瑞輪寺境内に「安産飯匙祖師像」が祀られた由緒が記されています。

これらの三点の伝記資料はいずれも祖師像の現世利益の話について記され、その根元は祖師とのつながりが基本となっています。そして「堀之内妙法寺祖師」の挿絵の説明に「瑞輪寺の安産幸国寺の悪病除これを江戸三高祖と尊信す」とあるように、これらの祖師像は「江戸の三高祖」と称され、江戸十大祖師の中でも特に信仰をあつめた仏像であることが強調されています。

著者の小川泰堂は、祖師伝の中で、近世に入って信仰されるようになった祖師像の霊験を、地域に伝わる伝承などを調べて描きあげ新たに盛り込んでいきました。幕末・維新期における法華信仰が盛んな様子や祖師を礼拝する霊場寺院のことを祖師伝に記していることは注目されることです。当時の江戸近郊に住む法華信徒は、この伝記を読んで江戸の祖師霊場を参拝したことでしょう。

江戸における祖師信仰の高揚は、祖師の伝記本にとどまることなく、地誌類、紀行文、浮世絵、歌舞伎といった芸能や文化にまで幅広くみられる現象でした。

２　鬼子母神と七面大明神の霊場

江戸の法華信仰について、ここでは鬼子母神《きしもじん》像と七面大明神《しちめんだいみょうじん》像の祀られる寺院とその由緒などについて紹介してみます。

3-3　奉納提灯と絵馬

雑司ケ谷鬼子母神堂（豊島区雑司ヶ谷）**鬼子母神像**

鬼子母神堂には、祈禱本尊として有名な鬼子母神像が安置されています。この堂宇は、隣接する法明寺（豊島区南池袋）が管理しており、法明寺自体、元は真言宗でしたが、後に日蓮宗に改宗した寺院です。江戸時代に徳川将軍家の帰依を得て、寛文六年（一六六六）には、広島藩主浅野光晟《みつあきら》の妻満姫《みつひめ》（自昌院、前田利常

3-4　雑司ケ谷鬼子母神堂扁額

の三女）が鬼子母神堂を寄進したことにより、発展を遂げています（鬼子母神堂は東京都指定文化財）。

鬼子母神堂の鬼子母神像は、鬼形ではなく、羽衣・瓔珞《ようらく》をつけ、吉祥果を持ち幼児を抱いた菩薩形の美しい姿をしているので、特に角《つの》のつかない田九の字を用い「雑司ケ谷鬼子母神」（図3-3・4）と尊称しているそうです。

鬼子母神堂近くには、薄《すすき》でできた木菟《みみずく》（郷土玩具）が頒布され、病気平癒・所願成就といった祈りを持つ人々がこれを求めるために参詣します。

「すすきみみずく」の由来は、近世後期、病気の母の看病をしながら生活している久米という娘がいましたが、家が貧乏なために薬が買えず、ただ鬼子母神に祈りを捧げるだけでした。ある日、久米の夢枕に突然鬼子母神が現れ、「すすきみみずく」の作り方を教えてくれ、これを売るようにと告げたそうです。久米は教えられた通り「すすきみみずく」を作り門前で売ったところ、飛ぶように売れました。おかげで母親の薬も買えるようになり、母の病気も治ったということで

3-5　入谷鬼子母神・真源寺

す。

江戸時代の浮世絵師歌川広重が、この鬼子母神と欅並木の参道の絵を安政五年（一八五八）に描いていますが、この絵の中の女の子をみると、母親から買って貰った「すすきみみずく」が描かれているのが注目されます。

後世になってこの親孝行娘の功績を讃えて、雑司ヶ谷地区にある南池袋小学校の校章には、郷土玩具「すすきみみずく」を象ったものが使用されています（豊島みみずく資料館案内板より）。

入谷真源寺（台東区下谷）**鬼子母神像**（図3-5）

同寺は、下谷七福神、江戸三大鬼子母神の一つとして有名で、「恐れ入りやの鬼子母神」という狂歌の中の洒落がよく語られ、私たちもよく知るところです。他にも「恐れ入りやの鬼子母神、びっくり下谷の広徳寺……」とあり、「朝顔まつり（朝顔市）」で有名な寺院です。この入谷の鬼子母神は、先述の大田蜀山人《しょくさんじん》の狂歌の「恐れ入りやの鬼子母神、どうで有馬の水天宮しやれの内のお祖師様」という洒落言葉の中から出たといわれ、「いりや」と「入谷」を掛けたものです。

ここの鬼子母神像は江戸初期の万治二年（一六五九）に法華宗本門流大本山光長寺（静岡県沼津市）二十世日融上人が百姓利兵衛から入谷の土地を買い取り、真源寺を開くとともに、祖師像と共に、鬼子母尊像を祀ったことから始まっています。毎年七月六日からの三日間、「朝顔市」が開催され、賑わいをみせます。

そこで、この朝顔市の縁起を紹介してみます。入谷に住んでいた植木職人山崎留次郎氏が朝顔作りを広め、大坂の朝顔市と共に大いに普及宣伝しました。大輪朝顔・変り種・珍花を陳列したのが評判になり、地域はさることながら江戸に住む人々が見物人として群集し、東都年中行事の一つに数えられるようになりました。よって、入谷の名物であることはもとより、東京下町の夏の訪れを伝える行事として、全国的に知られています。

弦巻常在寺（世田谷区弦巻）鬼子母神像

同寺の鬼子母神像は、世田谷城主頼康《よりやす》に嫁いだ常磐《ときわ》の方（宝樹院殿・奥沢城主大平出羽守の娘）の守護神となっています。女性にとって子供を産むことは大切なことで、特に男子を懐妊することが後

3-6　中山鬼子母神画像

継者を生ずるということで重要視されていた時代でした。

江戸各所の日蓮宗の鬼子母神は、現世利益の守護神として信仰され、日蓮宗で修される加持祈禱と結びついて発展を遂げます。江戸城大奥の女性も鬼子母神を信仰し、はるばる下総国にある中山法華経寺の鬼子母神像（図3-6）を拝んだ記録が残っています。

中山法華経寺（千葉県市川市中山）鬼子母神像

雑司ヶ谷・入谷とともに江戸三大鬼子母神の一つとして繁栄したようです。法華経寺は、下総国内にあるため、江戸近郊となりますが、江戸市域からの参拝者が絶えず、江戸城大奥女性の駕籠もよく通ったといいます。現在は、百日間の荒行で知られる寺院ですが、鬼子母神堂に安置される像は祖師の真刻と伝えられ、怨魔退散、子育の守護神として信仰されています。

一方、七面大明神の信仰も江戸に定着しましたが、その有名な寺院に大久保法善寺、谷中延命院、高田亮朝院があります。

大久保法善寺（新宿区新宿）**七面大明神像**（図3-7）

保土ヶ谷にあった廃寺を移転し再建したもので、江戸へ最初に七面大明神像が勧請された寺院として知られ、尊像は、新宿区指定文化財となっています。境内には寿老人が祀られ、山の手七福神の一つとして信仰されています。

3-7　法善寺境内

高田亮朝院（新宿区西早稲田）**七面大明神像**（四章5参照）

身延久遠寺二十七世日境上人が開眼した七面大明神像を安置しています。日暉上人が身延七面山で荒行の後、和田戸山（現在の戸山公園から戸山ハイツ付近）に七面大明神像を祀り、その後三代将軍徳川家光の武運長久を祈り、慶安元年（一六四八）七面堂を建てたのがはじまりです。

谷中延命院（荒川区西日暮里）七面大明神像（三章5参照）

同寺に安置される七面大明神像は、慶安三年（一六五〇）に造立されたもので、四代将軍徳川家綱の乳母三沢局をはじめ江戸市域に住む人々が礼拝しました。

下谷法養寺（現・大田区池上）熊谷稲荷像（三章8参照）

天正十五年（一五八七）神田三河町に創立し、慶長年間（一五九六―一六一四）に下谷稲荷町へ移転し、江戸城本丸・西丸大奥の祈禱所となりました。稲荷町時代から境内に祀られた熊谷稲荷像は、「伝教大師の一之守」と書いたものが腹蔵されていたと伝えられ、当時江戸市中の信仰をあつめました。

熊谷稲荷は享保年間（一七一六―三五）に浅草寺境内に勧請されており、後に近隣の浅草本法寺（台東区寿）にも祀られ、熊谷安左衛門の菩提寺である法養寺にも勧請されました。熊谷稲荷は霊験あらたかな稲荷として信者も多く、江戸誌に「参詣頗《すこぶ》る多し」と記されているように世に名高い稲荷で、その後各地に祀られるようになりました。法養寺の熊谷稲荷は元禄十五年（一七〇二）に勧請されたもので、江戸にある熊谷稲荷としては早い時期の勧請です。

本堂内に安置される祖師像は家綱が寄進した江戸城本丸安置のもので、四天王像は徳川家綱室の寄進と伝えられています。下谷にあった頃の境内には大黒殿があり、そこでは将軍家の祈禱が修されていたようです。この折に江戸城大奥に献上した品々を、寺内に伝わる奉納記録によって知ることができます（『大田区史資料編寺社』所収）。

鼠山感応寺（現在廃寺　五章3参照）

元は日蓮宗。長耀山感応寺尊重院と称し、道灌山の関小次郎長耀に由来する古刹でした。ところが元禄十二年（一六九九）幕府の命令により天台宗に改宗し、寛永寺の末寺となりました。

3　妙見菩薩の霊場①――能勢妙見山別院

江戸市域には、妙見菩薩を祀る寺院が多く存在し、関西の能勢地域の妙見菩薩像を元とする尊像が多く見られます。妙見菩薩は星の象徴である北極星を神格化したもので、「見」という字を使用していることから優れた眼力を有する仏像といわれています。また、道案内の守護神としても知られ、船頭の航海の守り神としても信仰されていました。

一方、檀林（僧侶の教育機関）の守護神としても信仰され、日蓮宗の檀林には必ずといっていいほど祀られていました。池上南谷檀林（本門寺内に開設・現在は照栄院）の妙見堂、下総飯高《いいだか》檀林（立正大学の前身・現在の飯高寺《はんこうじ》）の妙見堂といったように、妙見菩薩を祀る堂宇が檀林内に建立され、学問の守護神として学徒に礼拝されていました。飯高寺境内の妙見堂（現在は題目堂）には、学徒が初めて説法（新談義）を行う際に、上手に話せるよう妙見菩薩に祈願した祈願札が現在も堂内に掲げられています。

日蓮宗寺院には北辰妙見大菩薩として祀られており、この北辰とは北極星の別名で、北辰＝北斗星・北極星の信仰に始まっています。妙見という漢字は、妙（神秘）を見（あら）わす、ということから正しい立場を意味しています。そこで、各地の寺院に祀られる仏像を拝してみると、右手に智慧の利剣によって魔障を払い、左手に宝珠を持って願いごとを叶え、足には亀と白蛇を踏んで福徳を授かることを表現している像がよく見られるわけです。能勢型になると、受け太刀の像容になりますが、それまでは、太刀を地面に刺した形の像が造立されていました。

妙見信仰のルーツ

密教の経典といわれる「七仏八菩薩所説大陀羅尼神呪経」には「我れ、北辰菩薩にして名づけて妙見という。今、神呪を説きて諸の国土を擁護せんと欲す」とあります。そして、「妙見は菩薩の大将であり、敵を退け、国土を守る功徳を有する」と示しています。そして、妙見菩薩と習合した鎮宅霊符神《ちんたくれいふしん》についても、「北斗と日月を朱書した護符を身につけるだけで、白刃を恐れなくなり、先頭切って突進しても負傷することがない」と護符のご利益が強調されています。

古来から日本人は太陽・月・星の運行を神秘的なものであると崇めていましたが、中国の道教では鎮宅霊符神、仏教では妙見菩薩と呼ばれた像を、国土安穏・五穀豊穣・除災招福、開運隆昌の守護神として信仰してきました。妙見菩薩はすでに天台宗・真言宗に取り入れられ、北極星が旅人の指針として仰ぎ見られてきたことから、人生の道を導き開いてくれる開運の守護神として篤く信仰されました。また、あらゆる願いを聞いてくれる守護神でもあり、特に勝負事でその人を守ってくれるということで武士階級を始めとする多くの人々に崇拝されたようです。

妙見菩薩の像容は、先に述べたように星宿信仰に道教、密教、陰陽道《おんみょうどう》などの要素が混在しているため、宗教によって異なった姿となっています。読売新聞社所有［よみうりランド（東京都稲城市）

内聖地公園保管」の妙見菩薩像は、国の重要文化財に指定されています。この像には、正安三年（一三〇一）の銘があり、元は伊勢神宮外宮の妙見堂に祀られていたということです。像容は、甲冑《かっちゅう》を着け、右手に剣を持ち、頭髪を美豆良《みずら》に結った特殊な姿をしています。

関東に住む武士団の信仰をあつめ、千葉氏においては初祖・千葉常胤《つねたね》以来、北辰（妙見）の信仰をもっていました。北辰一刀流という体系は剣術と長刀兵法（薙刀術）からなっていますが、伝承によると、千葉家の家伝であった北辰夢想流と千葉周作が修行した中西派一刀流を統合して北辰一刀流が創始されたと伝えられています。千葉氏が祀った妙見菩薩の縁起には、武神の姿は諸々の邪悪・障碍を破る相を示しているとあります。よって、千葉氏の他にも妙見菩薩を守護神とする武家がおり、妙見菩薩像が武神的な神格を示していたことにより帰依者が増えていったようです。

能勢妙見山

妙見菩薩が祀られる霊場として有名な能勢妙見（大阪府豊能郡）は、大阪・京都から山間部に入った場所に位置しています。能勢地域の領主であった能勢頼次《よりつぐ》は、京都実相寺（京都市南区上鳥羽）住持の弟であり、同寺に家康が休息した縁で家康に召し抱えられました。また、関が原の戦功があって、旧地を安堵されています。頼次は妙見菩薩を信仰し、当時の学僧・日乾《にちけん》上人（身延山二十一世）に帰依し、寺地を寄進して真如寺が創建されたといいます。

慶長八年（一六〇三）日乾上人は、能勢氏の氏神である「鎮宅霊符神」を法華経の守護神「妙見大菩薩」とし、尊像を自ら彫刻して為楽山の山頂に祀りました。ここに能勢妙見山が創立されたわけですが、その後、備前松田氏、戸川氏といった武士が能勢地域一帯を日蓮宗に改宗し、「能勢法華」が形成されていきます。

3-8　能勢型妙見大士画像（部分）

能勢に祀られる妙見菩薩（図3-8）の像容は、鎧を着た武者姿の坐像で、右手に太刀を持ち、左手は法印を結び、憤怒の顔は伝統的な日蓮宗の折伏の布教法を表現したものです。当初は太刀を真っ向に振り上げていたのを、後世に受け太刀にしたといいます。

能勢妙見山別院

関西の能勢妙見山の信仰を継承する霊場が江戸市域に存在します。これが能勢妙見山別院（墨田区本所）という寺院で、能勢妙見山の東京別院として建立されました。

能勢頼直《よりなお》の時代に江戸の下町本所に下屋敷を賜ったため、安永三年（一七七四）に屋敷内に堂宇が建立され、妙見菩薩の分体を祀ったのが始まりです。同地は明治初年には上地となりましたが、同七年に能勢頼哲《よりさと》が現在の地を購入して寺院となりました。同寺の妙見像は、関東大震災や第二次世界大戦の厄を免れた像で、江戸市内に留まらず、関東地域の妙見信仰の霊場として広く信仰をあつめています。同寺は、親子鷹で馴染みのある勝小吉と勝海舟親子の篤い信仰を得ていました。このため、山内には勝親子ゆかりの御宝物を所蔵していましたが、関東大震災や東京大空襲の災禍で失ってしまい、現在は拝見することができないのが残念です。

平成二十二年のＮＨＫ大河ドラマ「龍馬伝」の龍馬伝紀行では、龍馬と佐那が参詣した寺院として紹介されました。

4　妙見菩薩の霊場②――柳島法性寺

江戸における妙見信仰の拠点は、先に紹介した能勢妙見山別院と柳島法性寺《ほっしょうじ》（墨田区業平）です。ことに法性寺は〝柳島の妙見さん〟と呼ばれ、近世以来参詣する人が多い寺院です。

法性寺の由緒

天正元年（一五七三）日遄《にっせん》上人によって創建され、妙見山玄和院と号し、本山真間弘法寺（千葉県市川市）の末寺となっています。境内には妙見菩薩を祀った妙見堂があります。妙見菩薩は北極星を神格化したもので、国土を護り貧しい人を救うといわれている守護神です。同寺の尊像は端麗な天女形で、江戸城大奥女性の桂昌院が深く帰依していました。これは、菩薩像が江戸城の鬼門除けとして安置された尊像であったことに起因しています。

日蓮宗とのつながりは、先程記した法性房日遄上人という名僧との関係があげられます。ある時、北辰妙見大菩薩の霊夢を感じて柳島の松が輝くという噂を聞いた上人は、柳島へと向かいました。到着した日遄上人は、直ちに祭壇をつくり、『法華経』を読誦しました。「如来寿量品第十六」を読誦する時になると、松の木が突然明るく光りました。暫くすると松の枝にキラキラと輝く北極星が現れましたが、よく拝すると、それは右手に剣、左手に宝珠を持った妙見菩薩の霊像でした。この

3-9　法性寺と影向松

霊験ある松は影向松《ようごうまつ》と呼ばれ、周囲二メートルにもなる大松であったことが、地誌類（図3-9）よりわかります。

「太閤さまは関白じゃ、白蛇の出るのは柳島、しまのさいふに五十両」と謳われた〝柳島の妙見さん〟は、妙見菩薩が大松に降臨してからすでに四百余年が経過しています。その間、戦国時代の武将北条氏康《うじやす》や江戸幕府将軍の徳川家康をはじめ、葛飾北斎、歌川豊国などの絵師、中村仲蔵、市川左団次、六代目菊五郎などの歌舞伎役者、建石三蔵、馬越恭平などの豪商、といったさまざまな階層や職業の人々が妙見菩薩の御利益をいただき、信仰に入っています。

寺院の入口には、宝暦二年（一七五二）六月十五日の日付がある「北辰妙見大菩薩」と刻まれた石塔が建っています。この塔はかつてこの地域の道標を兼ねていたため、浅草通りに面して建てられていました（図3-10）。

法性寺の妙見菩薩像を信仰した代表的な人である葛飾北斎《かつしかほくさい》（一七六〇―一八四九）は、江戸本所の生まれであることから地名に因んだ「葛飾」を名乗っています。さらに、いくつかの画号を持っていますが、北斎辰政の号は「北辰妙見大菩薩」への信仰が影響しているといいます。師匠であった狩野融川に破門されてから絵の世界を一時離れようとしましたが、法性寺に三七日（二十一日間）の願をかけ、日参しました。その満願の日に落雷に遭って失心しましたが、その後雷名をあげ、「富嶽三十六景」といった有名な作品を発表しています。

3-10　境内入口の妙見大菩薩標石

歌川豊国

豊国《とよくに》（一七六九―一八二五）は役者絵の名手で、化政文化の時期に「豊国の後に豊国なし」といわれるほどで、当時著名な絵師として名を馳せていました。惜しくも文政八年（一八二五）、五十八歳で病死しましたが、戯作者であった山東京伝《さんとうきょうでん》（一七六一―一八一六）がその名を惜しみ、境内に石碑を建てています。豊国は法性寺の妙見大菩薩像を崇拝しており、豊国が使用した絵筆二百八本が境内の供養碑に埋められています。

毛塚の碑

法性寺の境内には毛塚の碑があります。天保九年（一八三八）に町火消しの「仲組」と「め組」が喧嘩し、仲直りの印しに百三十六人が頭を丸めました。その髪の毛を納めて、今後喧嘩をしないことを妙見菩薩に誓ったといいます。江戸火消しの伝統を継承する江戸消防記念会は、彼岸の折に同寺に参詣しています。

法性寺境内には、浄瑠璃作者近松門左衛門の曽孫春翠軒繊月《しゅんすいけんせんげつ》が文政十一年（一八二八）に建立した供養碑があります。門左衛門が実際に法性寺に参詣したかは資料的に判明しませんが、門左衛門の菩提寺である摂津国久々知《くくち》広済寺（兵庫県尼崎市）は妙見信仰の霊場として知られた寺院です。門左衛門は広済寺では開基檀越となっており、妙見菩薩に信仰を寄せていたことは想像にかたくありません。

池波正太郎の作品「唖《おし》の十蔵」（『鬼平犯科帳』に収録）の中では、火付盗賊改方の同心、小野十蔵に匿《かくま》われている〝おふじ〟という女性が、寂しさのあまり気晴らしに柳島の妙見堂へ参詣した場面が登場しています。

妙見菩薩の縁日として、近世の江戸の年中行事を記した『東都歳事記』には毎月一日、十五日があげられ、江戸市域の妙見菩薩を祀る寺院で開帳、説法といった儀礼が修されて境内は賑わいをみせていました。法性寺の他にも江戸近郊の有名な妙見堂として池上照栄院（大田区池上）と白金妙圓寺（港区白金台）があり、照栄院の堂宇西側の石段を登ったところには妙見堂があります。古くは池上本門寺全体の守護神として勧請されましたが、本門寺二十二世日玄上人の代より、鎌倉比企谷の宝篋堂《ほうきょうどう》檀林を本門寺に移して南谷檀林として開設された折に、檀林の守護神として祀られました。この尊像は、寛文四年（一六六四）、紀州藩祖徳川頼宣《よりのぶ》夫人（瑤林院《ようりんいん》）が、夫の無事を祈願して寄進した霊像といわれています。明治時代に入って檀林が廃檀となっても、昭栄院の守護神として遺され、地域の人々に崇拝されています。

檀林時代に学僧の信仰対象であった妙見菩薩像が、どうして檀信徒の信仰を得るようになったのでしょうか。その理由の一つには、妙見像の修復の際に近隣の檀信徒が浄財を寄進したことが関係しているといわれています。近隣住民は「妙見講」という信仰組織を結成して団結し、毎年冬至の日の星祭り大祭には足を運んでいます。こうして妙見菩薩は江戸町人に商売繁盛の神としても信仰され、多くの信徒を獲得しました。

最後に、妙見菩薩像はキリスト教の十字架が刻まれた仏像であったという説があります。それは、守護神紋が矢筈であるためで、この形が十字架に似ていたからです。仏像でありながら不思議な守護神といえましょう。

5　七面大明神の霊場——谷中延命院

江戸市域にいつ頃日蓮宗の神仏が祀られたかについて知る資料として、斎藤月岑《げっしん》著の『武江年表』『東都歳事記』があります。月岑は、江戸神田の町名主で、江戸の風俗を自ら歩いて調査しています。その中で『武江年表』は、江戸・東京の地誌で、「武江」とは武蔵国・江戸のことを指します。この書には徳川家康が江戸城に入った天正十八年（一五九〇）から明治六年（一八七三）までの間に月岑が知り得た江戸市域の出来事が編年体で収められています。一方、『東都歳事記』は、天保九年（一八三八）の江戸各所の時節ごとの行事や祭祀、風習、遊覧などが記されています。

日蓮宗の神仏の勧請

そこで、『武江年表』に登場する日蓮宗の神仏に関する記載を延宝年間（一六七三―八〇）の記載までに限り、年代順にピックアップしてみると次のようです。

慶安元年（一六四八）　春、荒藺山《こうりんやま》に亮朝院七面堂開基あり

谷中延命院七面宮を勧請、開山日朝上人。三沢局《みさわつぼね》身延七面宮へ千日の間参籠し、夢中に鱗一枚を感得し、当社を創する

万治三年（一六六〇）　谷中延命院七面宮を再建

万治年間　大久保法善寺七面宮を勧請
寛文三年（一六六三）　六月十五日、浅草に熊谷安左衛門稲荷社を勧請
延宝年間四月八日　下谷池之端、横田七郎右衛門、子がないことを憂い、兼ねてから雑司ケ谷鬼子母神に祈りを捧げ、その舅として、木村伊左衛門、小網町三叉川で鬼子母神像を感得する。その後、七郎右衛門が妻男子を産む。翌年この像を本所本仏寺に安置する。

これによれば、高田亮朝院・谷中延命院・大久保法善寺の七面大明神、浅草本法寺の熊谷稲荷、この後、下谷真源寺・本所本仏寺の鬼子母神と続いて江戸に守護神が勧請されるようになっていったことがわかります。もちろん、資料的な制約もありますが、日蓮宗寺院で勧請される祖師像に関する記事は江戸初期の慶安から延宝年間にはみられなく、いわゆる日蓮宗の代表的な守護神といわれる鬼子母神や七面大明神といった神仏の記載が多いことが注目できる点です。

そこで、ここに掲げられた寺院の中から谷中延命院（荒川区西日暮里）を取り上げ、守護神信仰の江戸への伝播についてみていきたいと思います。

七面大明神の由緒

まず、延命院（荒川区西日暮里）内に守護神として祀られている七面大明神の縁起を紹介しましょう。

新堀村（日暮里）七面明神

七面は元身延にあり、峯七つの山なり。古へ日蓮聖人この身延山にして法華経読誦あり。その声谷峯に響き、天人も天下り、霊山であることから話を聞きく人は感涙を流す。このところに一人の善女が忽然として来て、聖人に向かって言った。我はこの山の神である。経王読誦の声に惹かれて、現れ出た。この山の峯は七つあり。今後守護神となりて、法華経を守護する。本体を見ると大蛇の姿を現してやがて姿を隠す。聖人すなわちこれを拝み、身延山の守護神とした。ここに新堀村宝珠山延命院の住持日長上人、万治三年庚子正月十六日、転た寝の夢に、老僧が袈裟を掛け、水精の数珠を持って枕元に来て、「汝必ず七面の明神を勧請せよ。しからば大に繁昌して、宗派は益々弘まるべし」と、新たにお告を蒙りて、夢はそのまま覚めたり。

ここでは、延命院に祀られる七面大明神が、祖師とのつながりから、身延山の守護神であることが強調されています。そして、延命院住持日長上人が万治三年（一六六〇）正月十六日に見た夢の中でお告げがあって祀られた霊験あらたかな像であることが記されています。

延命院の開基は、四代将軍徳川家綱の乳母三沢局で、江戸城大奥に住む女中と関係深い寺院です。家綱出生の際に安産祈願を行った日長上人（開山）が、三沢局の帰依を受け、身延久遠寺の七面大明神を勧請したものです。慶安元年（一六四八）その別当寺として延命院を開創したといいます。

七面大明神像の胎内には、慶安三年（一六五〇）法寿院日命上人が願主となり、仏師矢兵衛の手で作られたことを記した資料が納入されています。この像は秘仏とされ、現在七面堂内に祀られています。因みに、門前から宗林寺（台東区谷中）方面に下る坂は七面坂と呼ばれています。

3-11　延命院の七面堂（向かって左側）

　延命院の名は、江戸城大奥女性と延命院の僧侶と色事になった事件（享和三年（一八〇三）「延命院事件」）で知られています。これは十一代将軍家斉の時代で、江戸城西の丸大奥の中臈・梅村の部屋付であった「ころ」という女中が、大奥に奉公する前から、元歌舞伎役者（尾上菊五郎の息子）で後に延命院の僧侶となった日潤（別名日道）上人と交際していました。

　世間では、延命院にはたいへんな美貌の持ち主の僧がおり、江戸城大奥の女中と交流を持ったと噂されていました。このことが寺社奉行脇坂安董《やすただ》に摘発され、享和三年（一八〇三）に死罪に処せられました。日道上人は、『日月享和政談』（河竹黙阿弥）の中の延命院日当上人のモデルとなっています。「ころ」と日潤上人の関係も、後に発覚し、「ころ」は大奥を追われたといいます。

　慶安四年（一六五一）家綱公が将軍になると延命院は、徳川幕府永代祈願所となりました。以来、山内に七面堂・書院・庫裡・釈迦堂・番神堂・宝珠稲荷堂などの諸堂宇が建立され（図3―11）、寺観が整っていきました。また、貞享元年（一六八四）水戸光圀が鷹狩りの折に延命院に立ち寄り、武運長久と国家安泰を祈願したと同寺の縁起は伝えています。それ以降、水戸徳川家の永代祈願所にもなったということです。

七面大明神の縁日は十九日で、毎月この日に延命院では七面講が営まれ、祈願会が修されます。

6　流行神瘡守稲荷の霊場——谷中大圓寺

江戸時代に生きた庶民の祈りは、厄除けが一番で、それに病気平癒が続いているそうです。近世は今ほど医療技術が進歩しておらず伝染病が流行したりすると死亡する人も多く、このため病除けや治癒のための流行神《はやりがみ》が登場しました。流行神の中でも稲荷大明神は全国各地に存在し、庶民と密接な関係を持つ守護神として特に信仰されました。

谷中地域には日蓮宗寺院が多く、それぞれの寺院で御利益ある祖師や守護神像が祀られ、江戸庶民の信仰を惹きつけていました。三崎通りに面した大圓寺（台東区谷中）は本所法恩寺（墨田区太平）末寺で、本堂に隣接した薬王殿には瘡守《かさもり》稲荷が祀られています。この稲荷は、近世に梅毒治癒に御利益があるとして評判になり、毎月一日と二十二日の縁日には吉原や根津の遊女が祈願のために参詣したそうです。

大圓寺瘡守稲荷の由緒

そこで、大圓寺に祀られる瘡守稲荷についてもう少し詳しく紹介してみます。

瘡守稲荷は、感染症である疱瘡《ほうそう》（天然痘）と瘡（湿疹・腫れ物）の平癒に御利益があるといわれ、アトピー性皮膚炎や癌も祈願の対象となっています。同寺の瘡守薬王菩薩像は、岩上に立ち、両手で

3-12　瘡守薬王菩薩像

薬壺を持つ女性形で、木版刷御影が二十七世日覚上人代（昭和時代）に造立されています（図3―12）。御影の讃文には「即取服之、毒病皆愈」と『法華経』の「如来寿量品第十六」の一節が記され、護符（符）を服用することで病気が治癒するといった祈りが込められています。この稲荷の由緒は、次のようです。

旗本・大前孫兵衛近江守重職《しげもと》が、五代将軍綱吉に仕えていた宝永年間（一七〇四―一一）に摂津国芥川の笠森稲荷を江戸邸内に遷座し、屋敷神として勧請したことから始まっています。摂津国は重職誕生の地であり、そこに住んでいた頃のことですが、体に突然腫れ物が出て苦しんでいました。そこで、土の団子を供えて祈願したところ、忽ち平癒したといいます。以来、江戸の瘡守稲荷においても土の団子を供えて願をかけ、成就した折に米の団子を供える習わしになっています。

重職は白山御殿の側に屋敷を構え、稲荷社を移転しました。すると瘡守稲荷の御利益は忽ち広まり、重職の屋敷に参詣する人が多くなって不自由が生じたため、享保十年（一七二五）菩提寺である大圓寺に遷座することになりました。

『武江年表』の延享年間の項（一七四四―四七）に「谷中笠森稲荷参詣始む」とあり、江戸中期の延享年間に参詣者で賑わったことがわかります。

「かさもり」と読む守護神には、「笠森」と「瘡守」の二種類の漢字が主にあてられています。例えば、谷中には大圓寺の瘡守稲荷と福相院（台東区谷中）の笠森稲荷があります。感応寺門前にあった福相院は、「笠森お仙」の水茶屋の話に通じます。明治初年に天王寺（元感応寺）が廃仏毀釈の影響により縮小され、福相院が廃寺になると笠森稲荷は天台宗養寿院（台東区上野）に遷座されました。

江戸の瘡守稲荷の所在

江戸市域の瘡守稲荷の存在をみると、池上本行寺（大田区池上）や池袋清立院（豊島区南池袋）他にも祀られています。本行寺の尊像は近世中期に目黒区碑文谷《ひもんや》に祀られていたものですが、昭和五十七年に本行寺に遷座されて以降、二月に大祭が行われています。他にも瘡守稲荷は、谷中近辺の大店（商店）や名主・庄屋宅に祀られたようです。

大圓寺の瘡守稲荷は、古河、相模原、箱根、羽生、大利根、調布、彦根へ分祀されたということです。その他にも、鎌倉上行寺（鎌倉市大町）に祀られた尊像が知られています。同寺は癌《がん》封じの寺として有名で、「薬師瘡守稲荷」として祀られた瘡守稲荷像が流行神となっています。堂内には「薬王経石」という石が奉安されており、この石で病者の患部をさすると御利益があるそうで、これは大圓寺の御撫石に通じるものです。大圓寺の御撫石には疱瘡平癒の祈願文が書き入れらています。

なぜ瘡守稲荷が信仰されたかというと、疱瘡が当時の流行病であり、疫病神と思われていたからです。現在も、薬王殿内で日蓮宗伝来の加持祈禱が修され、瘡守薬王菩薩の姿が入った御影や秘妙

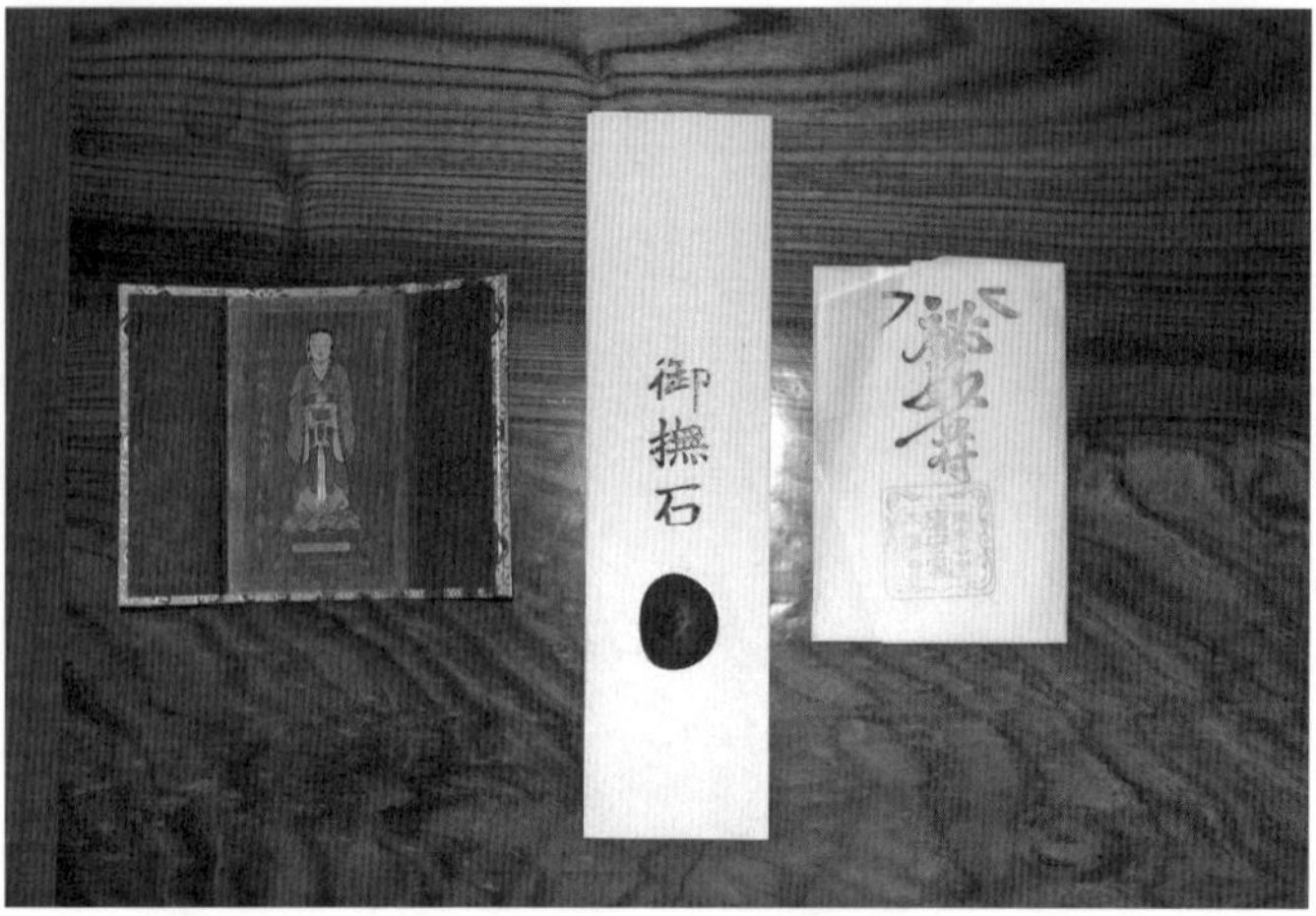

3-13　尊像守　　御撫石　　秘妙符

苻・御撫石・御影御守が参詣者に頒布されています（図3－13）。

『武江年表』明治三年（一八七〇）の項に「谷中大圓寺瘡守稲荷本堂へ移し、薬王菩薩と号す」とあります。慶応四年（一八六八）に神仏分離令が発布されて、大圓寺と瘡守稲荷が分離される折に、薬王菩薩と名称を改めたために明治政府に没収されず、寺院にそのまま安置することができました。瘡守稲荷像を祀る堂宇の名称を「薬王殿」と改めたことも頷けます。

江戸の随筆『遊歴雑記』（十方庵敬順《じっぽうあんけいじゅん》著）に、

かさもり稲荷は武城の中に三カ所ある。第一は谷中感応寺の裏門際にあり、第二は、谷中三崎北側大圓寺の境内にある。第三は、小石川後楽園の北後ろ通の白山をおりた屋敷町南側中程にある。いずれも、かさもり稲荷と称す、但し瘡守と書き、また笠盛とも、あるいは暈漏とも、

> また笠傳母とも書く、どれが霊験ある字なのか。しかれども谷中感応寺西門際の笠森稲荷は、その起源は古く根本である。

と、江戸の代表的な笠森稲荷は三カ所ありました。「カサモリ」にはいろいろな漢字が当てられていますが、「笠」と「瘡」の音の一致から瘡除《かさよけ》の守護神となったようです。

最後に、守護神紋に関してですが、大圓寺の瘡守稲荷ご宝前には守護神紋が染められた水引が掛けられています。日蓮宗の井桁橘《いげたたちばな》紋（図3-14）にある橘を中央に置き、その上に稲荷大明神に縁のある稲穂が描かれています。日蓮宗の守護神紋といえば鬼子母神の石榴《ざくろ》紋や七面大明神の七曜紋が有名ですが、各地の守護神には独特の紋章があり、興味深いです。

3-14　日蓮聖人奉納提灯の寺紋

7　清正公の霊場——白金覚林寺

清正公は、日蓮宗の守護神として祀られています。母の影響を受けて幼少の時から法華信仰の環境にあり、戦の折には題目旗を翻して戦功をあげたと賞賛される武将です。

清正という人物

清正は、永禄五年（一五六二）に尾張国愛智郷中村に加藤清忠・伊都《いと》の子として生まれました。天正十六年（一五八八）には、佐々成政に代わり二十七歳にして肥後国の大名となった戦国武将です。豊臣秀吉の子飼いの家臣で、賤が岳の七本槍・七将の一人といわれ、数々の戦功を挙げました。その後も各地を転戦して武功を挙げ、肥後北半国を与えられています。秀吉没後は徳川氏の家臣となり、関が原の戦いの働きによって肥後国一国を与えられ、熊本藩主となりました。明治四十三年（一九一〇）には従三位を追贈されています。

肥後入国後は、治山治水、新田開発などに力を入れ、南蛮貿易に乗り出すなど、積極的に領地経営を進めました。そのかいあって領国は次第に豊かになり、結果領民からは神様のように敬われるようになりました。特に、熊本城の石垣は「清正流」と呼ばれ、堅牢であることから武将の間ではその名を轟かせていました。近世後期の随筆『甲子夜話《かっしやわ》』（松浦静山著）に、加藤清正は石垣を組むのが上手で、熊本城の石垣を見ると高いが、端がなだらかに登るように見える。これは登ると四・五間はあるが、石垣の上部は頭上にそり返って空が見えない。

と石垣の偉容が表現されています。

ところが、慶長十六年（一六一一）六月二十四日、自分自身の五十歳の誕生日に惜しくも死去しています。熊本市内の本妙寺境内には清正の墓所（浄池廟）が建てられ、全国各地から清正を慕う信徒が参拝し、今も線香が絶えることがありません。「法号・浄池院殿永運日乗大居士」（図3−15）。

3−15　清正公画像

清正公信仰

清正の風貌は、長烏帽子形兜《なりかぶと》にみられるように、身の丈六尺三寸（約百九十センチ）の大男であったといわれています。清正公画像を見ると、変わり兜を被ることでさらに背が高く見えたといいます。浮世絵の武者絵では、この兜と「蛇の目紋」は清正を表すシンボルとしてよく画かれ

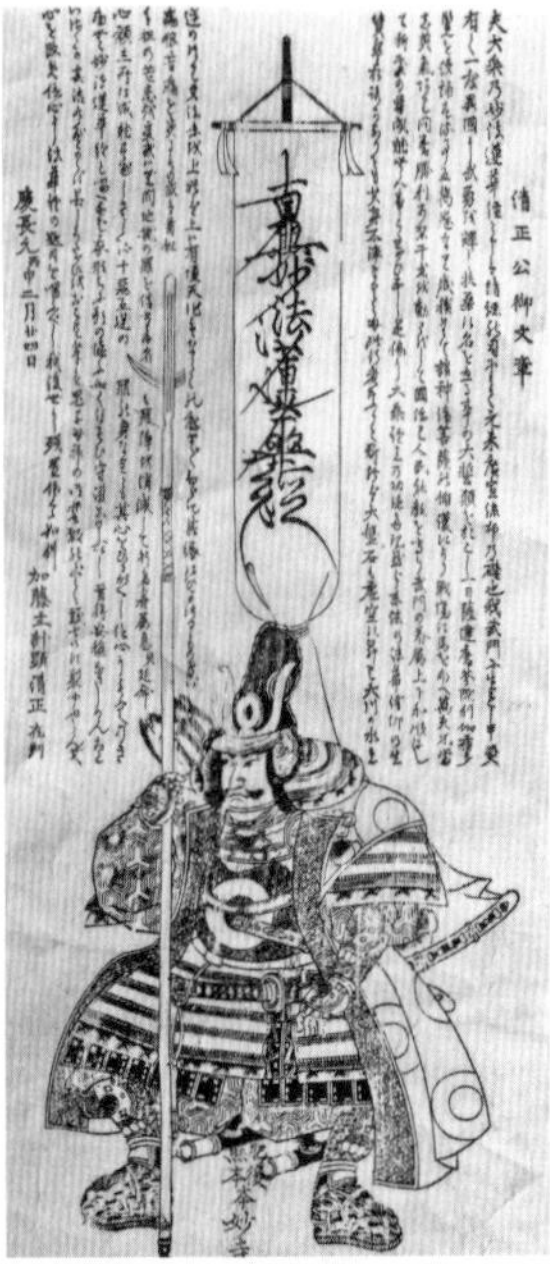

3-16　清正公画像

ました。この「蛇の目紋」は加藤家の家紋として清正の甲冑に使われていますが（図3-16）、「桔梗《ききょう》紋」も用いたようです。

清正の死後、三男の忠広《ただひろ》が跡を継ぎましたが、寛永九年（一六三二）加藤家は改易となってしまいました。忠広は一万石を与えられて庄内藩に預かりの身となりましたが、加藤家の家系は、山形県酒田市付近で今も続いています。

加藤家の後に肥後国五十四万石の領主となった細川忠利は、清正の霊位を先頭にかざして肥後国に入り、熊本城に入る際に「あなたの城をお預かりします」と言って浄池廟の方角に向かって遥拝し、清正を敬う態度を示しました。よって、本妙寺は細川家の菩提寺泰勝寺・妙解寺並の寺領寄進を受けています。

享保二十年（一七三五）の清正百二十五遠忌《おんき》の頃になると、毎月来る命日の逮夜（二十三日）には大勢の人が参詣し、所願成就を祈願する者も次第に増えていきました。本妙寺では毎年七月二十三日に清正の菩提を弔う頓写会《とんしゃえ》の法要を営み、大勢の参拝客を目当てにして参道には露店や茶店が出て賑わいを見せます。

頓写会

頓写会の起源は、本妙寺三世で高麗から来て日本の僧侶となった日遥上人が、清正公の菩提を弔う一周忌法要の折に『法華経』を書写したのが始まりといわれています。頓写とは、頓（すみやか）に『法華経』（六万九三八四文字）を写経する意味で、三回忌になると山内僧侶が写経に加わることにより七月二十三日の一夜にして完成し、報恩の誠が捧げられました。現在もこの写経は続けられ、逮夜には頓写会法要、法楽加持、通夜説教が修されています。

かつて「日乗様」「日乗居士」と呼ばれていた清正は、この頃には「清正公」「清正公大神祇」と尊称され、次第に神格化されていきました。一方、地域の人々からは「せいしょこさん」と親しみを込めて呼ばれ、庶民信仰の対象となっています。

清正の神格化

偉大なる人物には多くの逸話が語り継がれます。清正も同様で、朝鮮出兵の折に石田三成と対立し、それが原因で秀吉から京都に召還された後、暫く伏見に蟄居《ちっきょ》させられていました。しかし、慶長元年（一五九六）伏見大地震が起こって秀吉の住む伏見城が倒壊した折、清正は三百人の軍勢を率いていち早く秀吉のもとに駆けつけ、警護を務めたといいます。蟄居身分であり、秀吉の許しもなく駆けつけたので、一つ間違えれば切腹となるところでした。しかし、秀吉は清正の忠義を賞賛して朝鮮での罪を許し、豊臣姓を名乗ることを許可したといいます。この逸話により、清正は「地震加藤」と称されたということです。

江戸市域にも清正公の霊場がいくつか存在しますが、その中でも有名な霊場が覚林寺です。堂内には清正の位牌や尊像が祀られ、地域住民からは「せいしょこさん」と呼ばれ、勝負祈願の寺として信仰をあつめています。五月の大祭期間中は、清正公にあやかり「人生の苦悩に打ち勝つ」という意味を込めた、葉菖蒲《はしょうぶ》入りの勝守や開運出世祝鯉が参詣者に授与されます。境内には多数の露店が並び、祭りの日が「こどもの日」と重なるため、子どもの成長を祈る多くの親子連れで賑わいます。

最後に清正にまつわる話ですが、朝鮮出兵の際に西洋野菜のセロリを日本に最初に持ち込んだ武将であり、セロリは当初「清正人参」と呼ばれていました。

去る平成二十二年（二〇一〇）には慶長十六年（一六一一）に卒去された清正公の四百遠忌を迎え、各地の清正公を勧請する寺院で報恩法要が修されました。

8　稲荷大明神の霊場――下谷法養寺
――江戸城大奥女性の稲荷信仰

江戸城大奥女性と日蓮宗寺院との関係は、延命院事件や感応寺事件といったような、日蓮宗僧侶と大奥女性の間に起こった色事が知られるところです。しかし、それぞれの寺院に祀られる守護神への大奥女性の参詣や祈禱師（修法師）と大奥女性の加持祈禱を介した密接な信仰関係がありました。

法養寺の由緒

江戸時代の法養寺は、〝浅草藁店《わらだな》法養寺〟と呼ばれ、その存在は江戸庶民が広く知るところでした。そこで、法養寺と江戸城大奥との関係を考察するために、法養寺の由緒について、弘化四年（一八四七）に寺社奉行に提出した資料によってみてみましょう。なお、法養寺は、現在池上本門寺付近にありますが、元は浅草下谷という下町地域にありました。

池上本門寺十二世日惺《にっせい》上人が御府内説法・弘通の折に徳川家康より下谷に千五百坪の土地を拝領し、本寺である本門寺の「勧弘所《かんぐしょ》」として建立され、池上門流の中核寺院と位置づけられました。

そこで、法養寺の由緒について、将軍家との関係を主に箇条書きにして記してみます。

①寺内に三間四間の祈禱殿があり、歴代将軍の位牌、八代将軍吉宗感得の鬼子母神・大黒天、熊谷稲荷を勧請している。

②将軍宣下や若君誕生のご祝儀の節に、江戸城松の間において拝見御目見を行う。
③鬼子母神・大黒天の仏像は、享保十八年（一七三三）五月法養寺に寄進されたもので、鬼子母神像や厨子は徳川将軍家の葵紋入りである。
④三十番神堂は、高厳院（四代将軍家綱正室・顕子）が寛文年中（一六六一—七二）に造立したもので、その折に葵紋付赤地金襴の水引が法養寺に寄進されている。
⑤高厳院は、祈禱堂や客殿安置の祖師像を法養寺に寄進している。
⑥浄岸院（島津継豊室竹姫）が施主となり、祖師像を造立している。

といった将軍家や大名とのつながりが記されています。すなわち、将軍家は八代将軍吉宗、大奥向きでは四代将軍家綱の正室であった高厳院や五代将軍綱吉養女の浄岸院が帰依していたことがわかります。そこで、祈禱に関して江戸幕府の公式記録である『徳川実紀』を照覧し、法養寺に関わる内容を整理してみると次のようです。

①惇信院（九代将軍家重）が疱瘡にかかった折に祈禱を行い、江戸城大奥女性がその病気平癒のお礼として祈禱本尊としての鬼子母神像を法養寺に寄進している。
②公方・右大将の疱瘡の折に祈禱を行い、その祈禱巻数（祈禱された経典）・洗米（御宝前に奉納されていた米）を西ノ丸の大奥に献上している。
③文化十年（一八一三）十一代将軍家斉側室お八百が懐胎の折に安産の祈禱を行い、祈禱巻数と洗米を西ノ丸大奥に献上している。

④文化十年十月晦日、十二代将軍家慶第三子竹千代君誕生（生母正室喬子）の折に加持祈禱を行い、祈禱巻数・洗米を西ノ丸に献上している。

⑤毎年正月・五月・九月、二月初午祭礼、十月祖師お会式、年中の甲子日に祈禱を行い、祈禱巻数・洗米・供物を江戸城本丸に献上している（図3-17）。

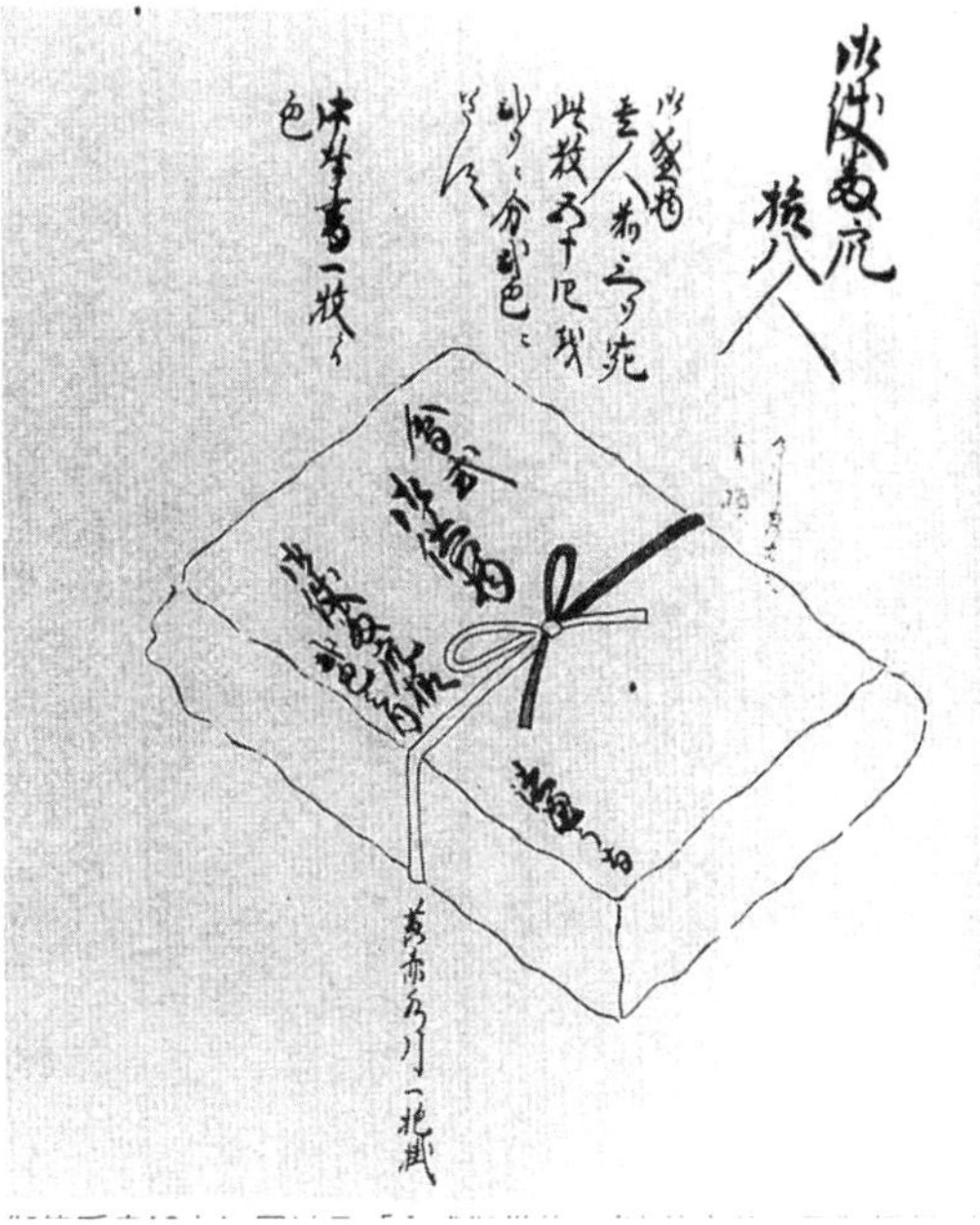

3-17　御本丸献上の御供物

こうして祈禱の記載は先例書の形式で幾つかあげられています。そして、「西御丸大奥御祈禱所」として、祈禱堂において将軍家の「天下泰平・武運長久・子孫繁栄」の祈禱を年中行事や将軍宣下《せんげ》御祝儀の折に行っていました。また、吉例によって祈禱巻数・洗米を本丸と西ノ丸に献上しています。特に、万治二年（一六五九）九月五日に将軍家の世継ぎが本丸へ移り、御台所となった高厳院は、先述したように法養寺に三十番神像・祈禱堂・祖師像を寄進しており、法養寺の外護者であったことがわかります。

なお、鬼子母神・大黒天・熊谷稲荷を安置する祈禱殿では「上様御武運御長久、幾久敷御繁昌の祈禱を勤める節、梵鐘を用いる。随て寺中の僧侶は梵鐘を合図に御祈禱殿へ出仕し、御祈禱を修する」とあり、山内僧侶総出仕にて将軍家の祈禱を行っていたようです。こうして、法養寺には将軍家や大奥ゆかりの守護神が祀られていたため、大奥女性の参詣の欲求を満たす要素が整っており、祈禱殿にて現世利益の加持祈禱が修されたわけです。

浅草の寺町に位置していた法養寺は、江戸市域より離れた場所にある池上本門寺の布教所（勧弘所）として機能していました。よって、近世を通じて天明八年（一七八八）、文化十三年（一八一六）と池上旅立祖師像の出開帳や宝暦九年（一七五九）比企谷妙本寺祖師像の出開帳を行っており、寺院の本末関係を通じて本門寺と法養寺は深いつながりがみられました。

将軍家とのつながりからみると、御能拝見寺院としての格式を持ち、資料的には元文二年（一七三七）以降、江戸城に登城し、松の間において「御目見御礼・御能拝見」しています。この儀典は、将軍宣下や代替わりの時に江戸城内に能楽師を召して御能を催すもので、大広間前の表舞台で、徳川御三家をはじめ諸大名が拝観する伝統ある行事でした。この由緒ある行事に法養寺が招待されていたわけであり、「両御丸大奥御祈禱所」という看板を持っていることが影響していたようです。こうした名誉を保つために、後の嘉永六年（一八五三）にも御能が拝見できるよう、寺社奉行に願書を出しています。これには先例書があげられていますが、『徳川実紀』や『幕府祚胤伝』といった幕府側の資料と対照して整理してみると、次の四つの先例が紹介されています。
①元文二年（一七三七）六月、将軍宣下並びに若君（十三代家治）御誕生御祝儀の折に御能拝見
②天明七年（一七八七）十一月、将軍（十一代家斉）宣下御祝儀の折に御能拝見
③文化十年（一八一三）十一月、竹千代君（十二代家慶第三子）御誕生・御祝儀の折に御能拝見
④天保八年（一八三七）十月、将軍（十二代家慶）宣下御祝儀の折に御能拝見
こうして、将軍の宣下（征夷大将軍位を与える儀式）や祝儀の折に御能が拝見できるということは、江戸に数ある寺院の中でも由緒あることでした。法養寺のように江戸城大奥の「祈禱所」として位置することが、近世寺院としての権威づけにおいてメリットがあったようです。

安政三年（一八五六）五月十一日に梵鐘が取り調べになった折に触頭の承教寺・朗惺寺に提出した書類には、次のようなことが認《したた》められています。
①「両御丸御祈禱所」として由緒ある寺院である。
②末寺や塔頭が二カ寺ずつある。
③本山本門寺の諸行事において本寺同様に扱われている。
④家康の江戸入国に際して千五百坪の土地を拝領している。
この書類の中には、法養寺が池上本門寺（本寺）の「勧弘所」として機能し、将軍家より寺領を拝領するほどの由緒があったことが見え隠れしています。つまり、触頭への書類提出に際して、将軍家や江戸城大奥と深い関係があったことがプラス要因となるため利用したわけです。

将軍家とのつながり

この他にも、将軍家との結びつきを知ることができる資料があるので紹介してみます。天保五年（一八三四）五月九日に江戸城本丸が炎上しましたが、その翌日に法養寺は将軍家のご機嫌伺いのために、長栄、長順、長佐、林悦の四名の女中宛に書状を認めていました。両者の関係はこれに留まらず、次のような時に法養寺は大奥女性宛に書状を認めました。

①天保十五年（一八四四）五月九日、本丸炎上の折に同月十一日付でご機嫌伺いの書状をはま岡・おりて・いつ尾宛に出す。

②天保十五年（一八四四）十一月十日、広大院（十一代将軍家斉正室茂姫）逝去の折、同月十二日付でお悔やみの書状を御使番長栄・長佐・林悦宛に出す。

③嘉永元年（一八四八）六月十日御簾中（十三代家定正室任子）逝去の折、同月十二日付でお悔やみの書状を御使番長栄・長順・林賀宛に出す。

④嘉永五年（一八五二）五月二十二日暁に西ノ丸炎上の折、同月二十三日付でご機嫌伺いの書状を御使番の長順・林悦・林賀・長林宛に出す。

⑤嘉永六年（一八五三）七月二十二日、公方（十二代家慶）逝去の折、同月二十四日付でお悔やみの書状を御使番嘉順・林悦・林賀・徳林宛に出す。

⑥安政五年（一八五八）八月八日、公方（十三代家定）逝去の折、同月十一日付でお悔やみの書状を御使番栄寿・林佐・林賀・久佐宛に出す。

みられるように、歴代将軍家の弔事や住居（本丸・西ノ丸）炎上の折に書状を出していることが明らかとなります。御使番の書状には、「よろしく御取り計らい御老女衆様方へ仰せ上げ下さるように願い上げまいらせ候」とあるように、法養寺の書状は大奥内の御老女（御年寄）に伝達することが通例となっていました。

将軍家や大奥女性と法養寺との書状の往来は、江戸城大奥内の御使番という役職の女中を介して行われました。御使番という役職は大奥内にあって外部との交渉役で、文字通りお使い役としての任務を担っていました。

以上のように法養寺は、江戸城大奥女性ゆかりの仏像を祀り、霊験あらたかな守護神・熊谷稲荷像を安置している寺院でした。江戸城大奥女性の信仰を得てからは、大奥との往来の手紙や記録類が豊富に伝えられ、一般寺院とは一線を画していたことがわかります。

第四章　加持祈禱の隆盛

1　日蓮宗の修法祈禱

現在日蓮宗では、祈禱相伝のために日蓮宗加行所（千葉県市川市・中山法華経寺内）を開設しています。ここを成満すると日蓮宗修法師の資格が与えられ、木剣《ぼっけん》（木劔）による加持祈禱が許されます。この修行は日本三大荒行のひとつに数えられるほど厳しいもので、すべての日蓮宗教師（僧侶）に義務づけられているわけではありません。十一月一日から二月十日までの百日間の極寒修行であり、「止暇断眠、読経三昧、水行三昧」といわれるほど過酷で、修行中に体の不調を訴える僧もいるほどです。荒行の百日修行の起源は、祖師の孫弟子にあたる日像上人が永仁元年（一二九三）十月二十六日より百カ夜、寒風に身を晒して「法華経」の自我偈百巻を読誦して水をかぶり、祈願を行ったことです。修行期間については、明治九年（一八七六）五月の清規《しんぎ》に、「毎歳十一月一日を以て開堂とし、二月十日を以て閉堂とす」とあるように、明治に入ってから正味百日間の修行の伝統が現在まで継承され、実践されています。

荒行堂の修行内容

修行僧は、正伝師、副伝師の指導のもとで修行し、百日行を重ねた参籠《さんろう》、五行、四行（再々行）、三行、二行（再行）、そして初めて入行する初行の別があります。修行場となる中堂内では全修行僧が一堂に読経を行います。百日間一般社会と縁を切り（結界）、読経と水行に専念するのです。日本仏教の修行の中では、禅宗の坐禅、真言宗の護摩行に対して、日蓮宗の水行といわれています。それは荒行での水行が、朝三時から夜十一時までの一日七回の水をかぶることを日課としているからでしょう。水行の前には、「水行肝文」という『法華経』の抜き書きや祈禱先師を勧請した文が力強く誦《じゅ》されます。寒中修行のため、足にできたアカギレから黴菌《ばいきん》が入り、身体の抵抗力が低下していることもあってその部分が化膿して腫れ上がり、歩けなくなることもあるといいます。体力だけでなく気力や信力も必要で、たいへん過酷な修行となっています。

修行中は一日二回の食事しか取ることができず、それもお粥で精進潔斎の生活となります。加えて睡眠時間も一日平均二～三時間で、いわゆる罪障消滅・懺悔《さんげ》滅罪《めつざい》の修行が主となるわけです。特に最初の三十五日間は自分の行（自行）として外部の人との面会は許されず、七日ごとの厳しい修行が課されます。この内容は、五段教化法《ごだんきょうけほう》（祈禱の流派によって五段に違いあり）にのっとり、一七日生霊《いきりょう》段、二七日死霊《しりょう》段、三七日野狐《やこ》段、四七日疫神《やくじん》段、五七日呪詛《じゅそ》段、となっています。これは秘妙五段法ともいわれ、日蓮宗独自の修行法によって五段の邪気《じゃき》（日常生活に支障をきたす五つの災難）を払う方法が取り入れられています。これらの霊が人に取り憑き、何らかの行為をなすことを

4-1　身延山荒行堂の門（瑞門）

「託《たく》」といい、「託ずる」と言うのは霊が憑依《ひょうい》した状態をいいます。これは道教・雑部密教・神道が民俗信仰として融合した修験道の影響を受けているからと考えられます。

毎年二月十日に百日の修行が成満《じょうまん》となります。法華経寺祖師堂で荒行成満会が営まれ、初めての修行者（初行）に木剣祈禱法が許可され、修法師の資格が与えられます。修行を重ねて五行（五百日）修行で伝師相承となり、修法師範の免許皆伝となります。さらに修行を続けたい僧侶は参籠として入行することができます。なお、修行年齢は荒行に耐えられる身体ということで、満六十歳以上の人は今のところ入行できません。修行僧の中には十回の荒行を修めた僧もあり、比叡山の千日回峰行のように、千日間の修行を達成した修法師には阿闍梨号が授与されます。

荒行堂内には、次の文言が掲げられています。

　寒水白粥　凡骨将死

　理懺事悔　聖胎自生

これは、「冷たい水を浴び、お粥を食べて死ぬほどの苦しい修行を行う。これによって自らの罪を悔い改め、心から反省するならば、生まれ変わったように尊い体となる」という意味です。二月十日の百日成満の日は、入行時に閉ざされた瑞門（図4‐1）が百日ぶりに開きます。全国から集まった大勢の檀信徒が早朝より修行僧の出行を待ち受けます。続いて祖師堂で「大荒行成満会」が行われ、後日荒行僧は自分の寺（自坊）に帰り、帰山報告式を行います。先輩僧から順に帰山式を行うことが多いので、自坊に帰るのは、順番を待たなければなりません。

撰経と護符

祖師が佐渡流罪中、阿仏房日得上人の要請に応えて記した『法華経』の肝文「撰法華経」がありますが、これは『法華経』の中で祈禱に関する重要な部分を抜き書きしたものです。

この経文は「末法一乗行者息災延命所願成就祈禱経文」の別称でいわれていることから、『祈禱経』ともいいます。荒行の修行期間中に『祈禱経』を写経し、これを筒に入れ錦で包んだもの（通称、「撰経」という）を修法師は胸に掛け、修法を行います（図4‐2）。そして、「撰経」を依頼者の身体にあて、祓い（浄め）を行います。この祈禱に使うものとして、祈禱札、御守、護符《ごふ》があります。

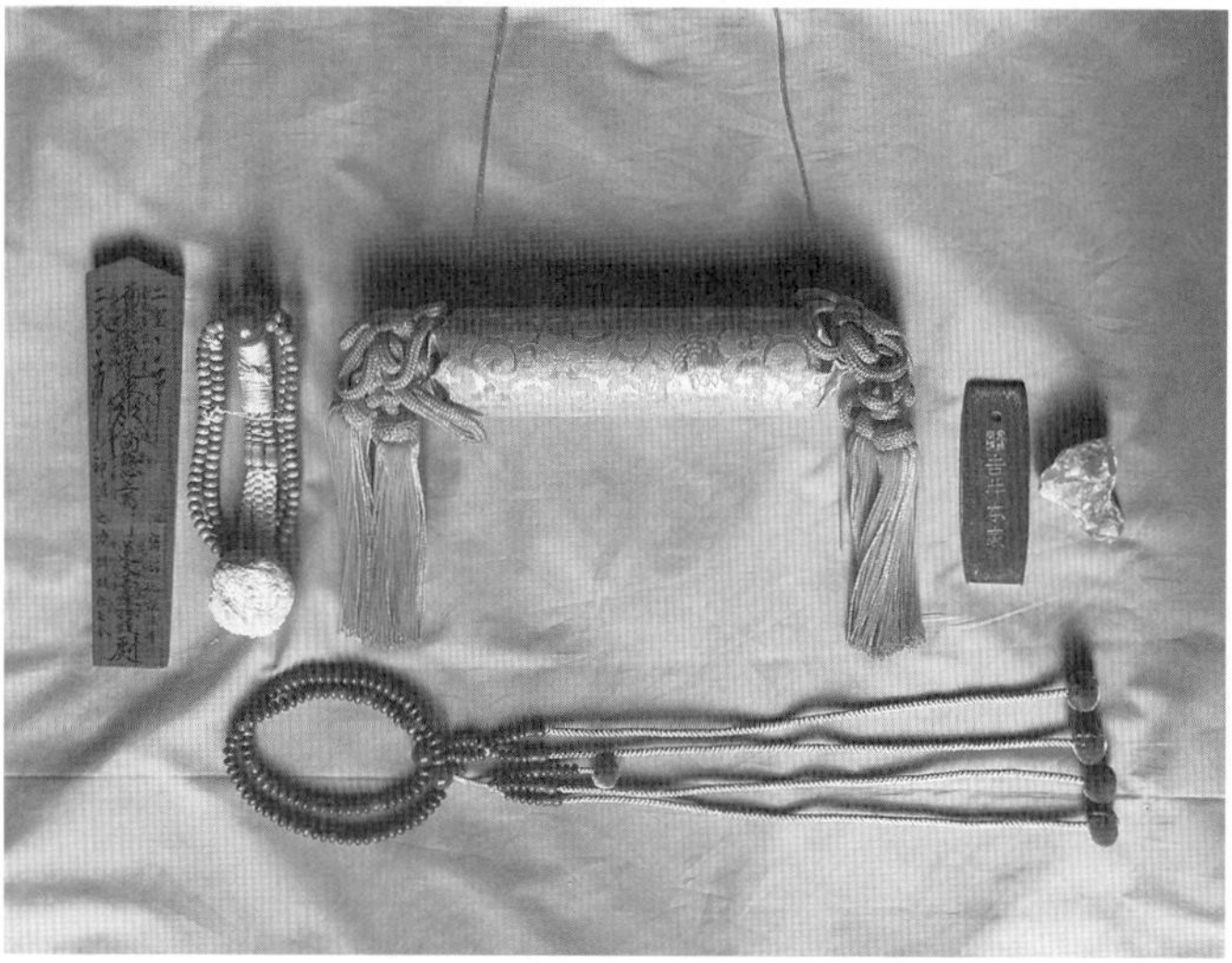
4-2　修法具一式

護符は御符、御苻、神苻・秘妙苻ともいいます。修法祈禱の世界では、飲むものを苻、それ以外を符と文字上で分けて使用しています。一般に護符は、門・戸・柱に貼り、仏壇や神棚に安置し、また肌につけたりなど、さまざまな使い方があり、他にも、腫物・夜啼・授子・安産・虫歯といった具体的な願いに応じたものがあります。

修法祈禱の方法

修法祈禱は、邪気・悪霊を木剣による九字によって退散させる祈禱です。邪気といっても、『法華経』により邪心を転じて正法の行者を守る善神にするわけです。他にも、封じ加持、調べ加持といった祈禱があります。調べ加持とは、憑霊によって悩まされている者に対し、何が憑霊しているかを調べ、これを退散する祈禱法です。この祈禱には、本人自身に直接行うものと、霊媒者の体に憑霊を移して加持する「寄加持」があります。邪霊の引き取りには、長房の数珠が用いられますが、咒文の書かれた守紙で拭き取る作法も伝えられています。

これらの加持は、大きく分けて①祈念加持＝国家社会に対する祈念や個人の地鎮祭・開眼式など、②法楽加持＝大衆に修する加持、③験（現）加持＝邪気払い・病気平癒祈禱・方除け、虫封じ他、の三種類があります。現在は、諸天善神に法楽を捧げ、その余慶の功徳を大衆が受ける法楽加持がよく修されています。

邪気悪霊に取り憑かれた状態を払拭するための邪気祓いの祈禱修法も日蓮宗では修されます。邪気でも『法華経』により邪心を浄め、法華経の行者を守る善霊善神に転ずるといったものです。

他にも人の邪霊を守や符に引き取って容器や特定の品物に封じ込め、川に流し、あるいは土中に埋め、あるいは火中に投じる「封じ祈禱」があります。歴史上では、「筒封じ（竹の筒に邪霊を封じて土中に埋める）」や「痔封じ（へちまに封じ込める）」が行われています。現在は、小児の「虫封じ」や「頭痛封じ（ほうろくを頭にのせ、その上からお灸をして加持する）」が各地の寺院で修されます。他にも「寄り加持」がありますが、これは次節で紹介します。

祈禱者である修法師は、水行で身を潔めた後、『法華経』を速い口調で、魔障や病気を退散させるような大声で読みます。咒陀羅（「妙法蓮華経陀羅尼品第二十六」の内）や普賢咒（「妙法蓮華経普賢菩薩勧発品第二十八」の内）といった咒文を中拍子《ちゅうびょうし》や本拍子《ほんびょうし》といった速いリズムで木鉦《もくしょう》（柾）を叩いて読誦します。修法師は、界縄《かいじょう》（天符ともいい、縄を張り、幣束を吊り下げた法座）の下で切り火を行った後、九字を切り、木剣の音とともに声を張り上げ、祈禱肝文を誦します。祈禱を受ける者は合掌し、心に題目「南無妙法蓮華経」の七字を唱えます。肝文が終わると頂戴経《ちょうだいきょう》をあげ、身体に「撰経」をあてて祈願者の心身の浄めを行います。これは、祈禱を修する者も受ける者も厳粛な雰囲気をもって行わなければなりません。

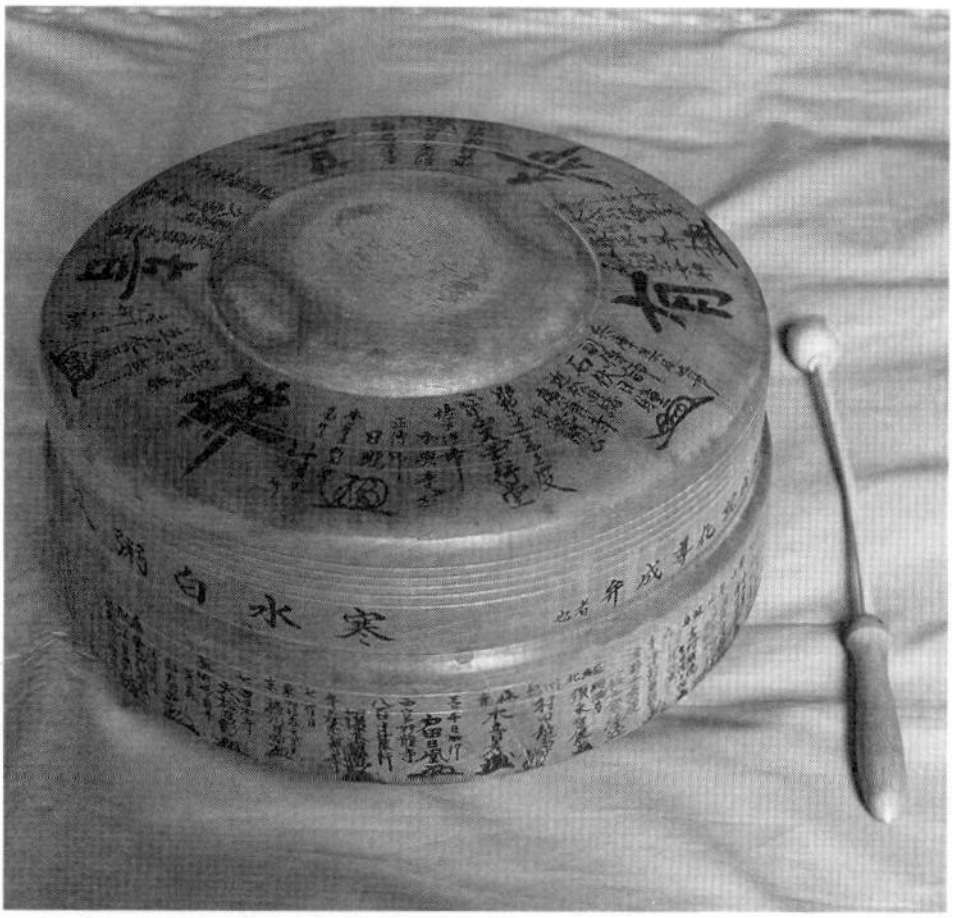

4-3　木柾

日蓮宗の祈禱の伝統

伝統ある日蓮宗の祈禱法は、祖師の祈禱観を受け継いでいます。祖師は、「祈禱抄」に「潮の満ち干ぬことはありとも、日は西より出るとも、法華経の行者の祈りの叶わぬことはあるべからず」と示されており、法華信仰を持つ人を仏・菩薩が守護することを説いています。明治二十一年（一八八八）刊『法華験家訓蒙』には、咒に三種があり、治病・滅罪・護法の咒が基本となることが記されています。人を呪うための呪術は、日蓮宗において修されることはありません。しかし、悪霊退散の祈禱や憑き物と落とし・病気平癒・方除け・家祓・厄除・悪星退散などの験加持《げんかじ》は修されています。この祈禱法は秘伝であり、軽々しく祈禱を行ったり受けたりすることは禁じられています。近世後期の法華教団の発展は、この修法祈禱によるといっても過言ではありません。日蓮宗の祈禱師から加持を受けることによって、仏の力・経典の力・信仰の力の三力が具わり、祈禱を受ける者や周囲の人々の信心を増進させることになります。よって日蓮宗の祈禱は、根本経典である『法華経』の読経や祖師が唱えた題目の唱和なくしては成立しません。

日蓮宗寺院には葬祭以外に祈禱を主に行う寺院・教会・結社があり、都市部である江戸（主に現在の東京都区内）には数多く存在しています。言い換えれば、都市部の日蓮宗において修法祈禱が信徒獲得のための大きな布教法となっているわけです。これも荒行堂の祈禱本尊である鬼子母神が鬼形化し、邪気を払う強い力を持ったことが影響しているといえましょう。

なお、世界三大荒行として、インドのヨーガ、天台宗の千日回峰行、そして日蓮宗の百日大荒行がいわれています。他にも日本における荒行の有名なものとして、大峰山の西の覗き、羽黒山の強《ごう》飯行《はんぎょう》、熊野の那智大滝の寒行があります。

2　加持祈禱の歴史

日蓮宗の祈禱は、祖師の時代からすでに始まっています。祖師が最初に加持祈禱を修したといわれているものに、祖師が伊東流罪中に地頭であった伊東八郎左衛門朝高《ともたか》（異説有）の病気平癒を祈禱し、祈りが叶ったことがあげられます（図4-4）。

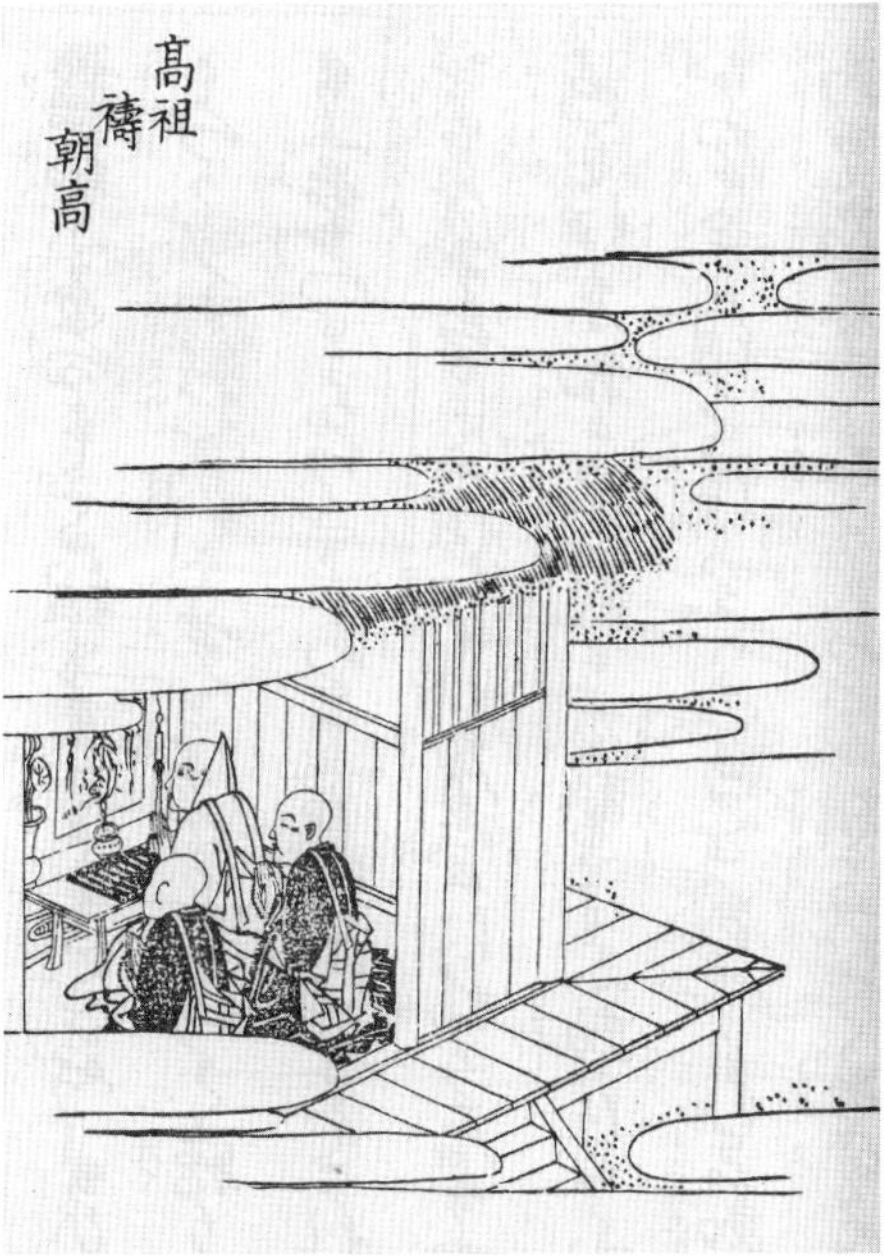

4-4　高祖禱朝高（『本化高祖紀年録』）

祖師と加持祈禱

祖師は重病の母を見舞い、虚空蔵菩薩求聞持法《ぐもんじほう》・閼伽水《あかすい》の法で祈禱すると病は平癒し、寿命が四年程延びたといわれています。また、信徒への病気祈願、護符・御守授与、厄除けを行ったことが日蓮遺文より知られます。こうして祖師以来受け継がれてきた加持祈禱は、教化《きょうけ》の一助として時に応じて修されました。この現世利益の加持祈禱は日蓮宗の布教に大きな役割を果たし、江戸の法華信仰の興隆とたいへん深い関係があります。また、江戸ではありませんが近郊の中山法華経寺（千葉県市川市）の遠寿院《おんじゅいん》・智泉院《ちせんいん》による修法祈禱の展開とも切っては切れない縁があります。

祖師滅後に成立した祈禱相伝書には、怨敵《おんてき》・魔障の退散に関する記述があり、これを積極的に行う祈禱法も存在しました。そこで、日蓮宗における加持祈禱の歴史とその方法についてみていくことにしましょう。

日蓮宗の祈禱法

日蓮宗の祈禱法については、祖師がすでに天台宗・真言宗の祈禱法を相伝され、『法華経』によって独自の修法を開拓されたことに始まるとされています。これは、弟子によって相伝され、祈禱相承という形が生まれ、その多くは師資相承《ししそうじょう》という、師僧から弟子へ直接に口伝や書物で伝える方法がとられました。特に口伝《くでん》は、伝える者と受ける者の両者が知るのみで、他人に漏らさない伝え方であることから無漏《むろ》相承といわれ、修法師の世界では重んじられています。

遠寿院日久上人の『指南覚書』には、中山法華経寺の日常上人が「祈禱においては先師の先例にならう」と祖師の祈りを相伝することが明示されています。これを日高・日祐両歴代住持が継承したため、中山門流における祈禱はあくまで貫首にのみ相伝されるものでした。これを受け、現在の法華経寺の貫主は日蓮宗加行所の伝主となっています。これが近世には祈禱の大衆化をはかるため

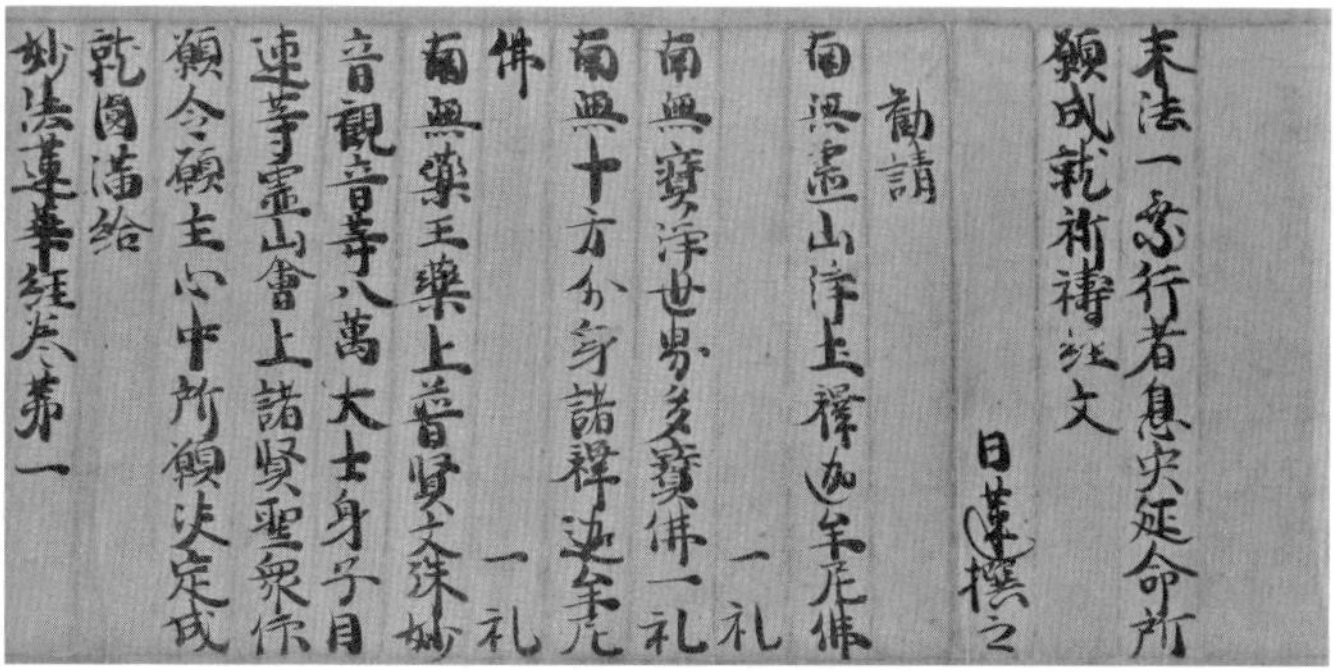
末法一乘行者息災延命所
願成就祈禱經文
日蓮撰之
勸請
南無靈山淨土釋迦牟尼佛
一礼
南無寶淨世界多寶佛一礼
南無十方分身諸釋迦牟尼
佛　一礼
南無藥王藥上普賢文殊妙
音觀音等八萬大士身子目
連等靈山會上諸賢聖衆併
願令願主心中所願決定成
就圓滿給
妙法蓮華經巻第一

4-5　祈禱経（日親上人筆）

に祈禱師たる器のある者に相伝されるようになっていきましたから、時代の要請には逆らえないものです。

祖師は、『法華経』から経文を選んで「祈禱経」（撰法華経）（図4-5）を著しました。これは、京都へ教えを弘めた日像上人、不受不施思想を貫いた鍋冠《なべかぶ》り日親上人、祈禱を修する先師らにより読誦、書写されています。特に日蓮宗伝来の祈禱法を現在に伝えているのが、身延久遠寺と中山法華経寺といえます。

身延では、積善坊の日閑上人が七面山において百日修行した成満の日に七面大明神宝前の花瓶の一枝が飛来したのを感得し、この一枝をもって病人の加持祈禱を修しています（積善坊流《しゃくぜんぼう》）。七面山は法華の修行者にとっては霊山で、ここに籠って修行した祈禱師は少なくありません。山頂付近には末法の世の中を守護する七面大明神が祀られています。

一方、中山では日祥上人によって円立坊が建てられ、遠寿院三世日久上人が身延七面山で修行すること七回、中山流を身延に伝えました（遠寿院流）。中山法華経寺二十五世日長上人の弟子日住上人は、正保元年（一六四四）智泉院を開創して祈禱道場としました（智泉院流）。この両流は「中山二験者《げんじゃ》」と称されましたが、これに加え、京都本瑞寺日栄上人は唯観流を興しました。この三流が互いにしのぎを削っていくことにより、日蓮宗の祈禱法は発展していったわけです。日栄上人は『修験故事便覧《しゅげんこじびんらん》』（享保十七年刊行）を著し、元禄・享保期に民間で行われていた祈禱や呪法を紹介しています。これは現在の加持祈禱の世界においても基本資料となっています。

法華教団の歴史上に遺る大きな事件として、天文五年（一五三六）に起こった天文法難があげられます。この法難によって堺に避難した京都十六本山は、一カ所にあつまって祈禱を修しましたが、そのかいあって帰洛の勅許を得ました。記録によると、この折に『法華経』の「陀羅尼（呪陀羅《しゅだら》）」を多く読誦する「千巻陀羅尼」といった経典読誦を行ったということです。

江戸の年中行事を知る『東都歳事記』をみると、霊験ある祖師や守護神を祀る寺院では縁日の法要に際し千巻陀羅尼修行を修したことが記されています。日蓮宗の僧侶が祈願を行う行法は、陀羅尼を速く読み、その経典の功徳を得ることが特徴でした。これによって、その場には、木柾や木剣の音と僧侶の読経の声が響き、厳粛で宗教的な雰囲気が醸し出されたわけです。

江戸の年中行事と祈禱

次に、江戸の年中行事から、祈禱との関係を探ってみます。お会式や千部会といった大きな法会には陀羅尼経典が読誦され、参詣者の祈禱を行っていました。正月・五月・九月といった祈禱月には、主として次に掲げる寺院で千巻陀羅尼修行が営まれていました。
一日　妙見参
八日　鬼子母神参……本所本仏寺（現在杉並区）・目黒正覚寺・入谷真源寺
十五日　妙見参……柳島法性寺
十八日　鬼子母神参
十九日　七面（大明神）参……押上最教寺・高田亮朝院
二十四日　普賢菩薩参……押上春慶寺　十部経
　清正公参……白金覚林寺
二十八日　鬼子母神参、妙見参
亥日　摩利支天参……雑司ヶ谷玄静院
この中でも、鬼子母神は八日・十八日・二十八日の縁日に千巻陀羅尼修行があり、妙見菩薩は一日・十五日・二十八日と月三回の縁日に祈願が行われていました。他の祖師・守護神をみても、特別な祈願がなされ、次に掲げる寺院で千巻陀羅尼修行が営まれていました。
正月亥日　上野徳大寺摩利支天
庚申日　柴又帝釈天
寅日　芝正伝寺・神楽坂善国寺・下谷玉泉寺・四谷本性寺
午日　浅草本法寺熊谷稲荷

正月十九日　浅草幸龍寺柏原明神
正月二十二日　猿江妙寿寺稲荷、谷中大圓寺瘡守稲荷、浅草法養寺熊谷稲荷
九月十三日　高田本松寺願満祖師
九月十五日　山谷正法寺毘沙門天

これらをみると、初午《はつうま》、冬至《とうじ》、といった季節になると行う行事、午の日、亥の日といった干支で決まって行われる行事がありました。他に注目すべき行事として、土用丑日には、高田本松寺で願満祖師のほうろく加持が修され、頭痛の祈禱として名を馳せていました。

法華教団と祈禱の変遷

法華教団の歴史の中で祈禱を考えると、『法華経』の読誦行が重視されてきた歴史があります。読誦した部数を記し巻数目録を作成し、これを公武や願主に奉るといったことが盛んに行われています。中山法華経寺十世日俒《にちごん》上人は、法華経一部八巻を千部読誦・唱題七字を千部（遍）唱えることを達成しており、多くの経典を一気に読誦することを重視しました。

先に記した祈禱指南書『修験故事便覧《しゅげんこじびんらん》』によると、「祈禱とは福を求むものである」と定義し、修法とは「息災増益の法を修する」とあります。加持とは、「仏の加被力を以て行者を任持して則ち除災与楽せしむ。故に法師咒を誦して病者の除災を祈るをまた加持と云ふなり」と示され、日蓮宗の祈禱法が他宗の加持と違う点は、「祈禱経」の読誦と「木剣加持」の作法であるといえます。

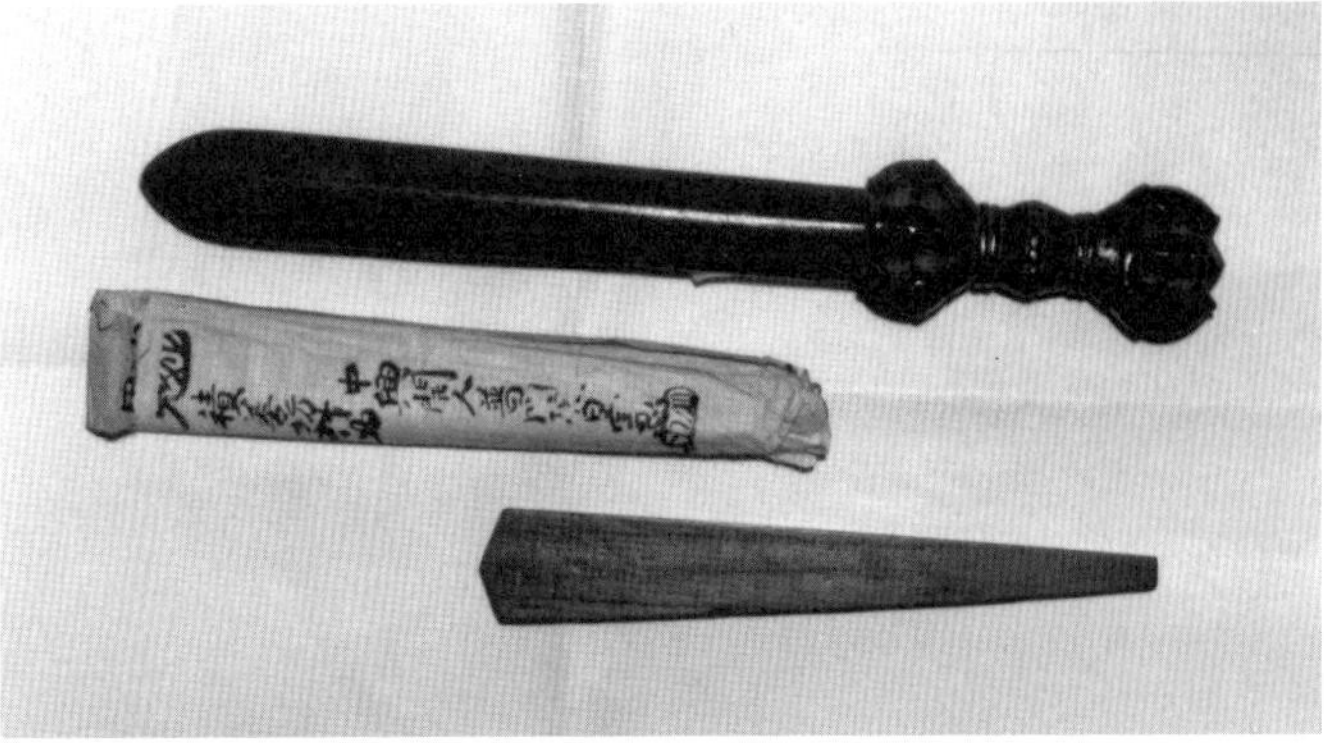

4-6　積善坊流の木剣

中山遠寿院流の相伝書には、「剣形之楊枝」として、狐憑き・夜啼等一切魔病用、死霊用・疫病神祟り用、生霊・呪詛・死霊用、神祟り用、七面山において伝授の真体法剣などの七本（六本、八本の説あり）が伝えられ、それぞれの用途があります。天台の加《か》持杖《じじょう》、真言の金剛杵《こんごうしょ》を融合して次第に剣の形になっていったといわれています。日蓮宗で使用される木剣（図4-6）も、これらを継承して七本木剣として成立しています。現在は、木剣に数珠をのせ、音を出して加持する作法がとられています。これは「剣形九《けんぎょうく》字《じ》」といって、木剣と数珠を合わせて打ち、九字の祈禱肝文を唱えて祈る日蓮宗独特の儀礼です。日蓮宗の九字は真言密教の「臨兵闘者皆陳烈在前」に対し「妙法蓮華経序品第一」の九字をあてており、妙の一字を七字から九字に切る「妙一九字」（図4-7）の方法があります。もともと九字の九は陽の満数で、陰の邪気を祓うために用いるわけです。日蓮宗の教義である十界互具や一念三千を基本に据えていると解釈されています。祈禱の際には、「撰経」が縫

4-7　妙一九字

い込められた筒状のものと数珠・木剣を身体にあてる祈禱法が修されています。「撰経」は、祖師が佐渡流罪中、日得上人（阿仏房）の要請に応えて与えた法華経の肝文であり、荒行僧はこれを百日の修行中に読誦し、書写します。

3　加持祈禱の方法——寄加持

日蓮宗の歴史上における祈禱の流派は大きく身延流（積善坊流）、中山流（遠寿院流・智泉院流）があり、祈禱の方法も流派により相伝されています。

加持祈禱の隆盛

江戸後期になると、日蓮宗も加持祈禱を修することによって発展を遂げていきます。これは祖師信仰の高揚によるところが大きいですが、人々の現世利益の欲求も大きく影響しています。特に中山法華経寺の寺域にある遠寿院・智泉院流の祈禱が顕著になります。すると加持を修する祈禱師も必要となってきますし、祈禱法を伝授する修行場も整備されていきます。江戸後期の修行場（荒行堂）の入行者数を影山堯雄先生の『日蓮宗布教の研究』により探ると、一年数カ月間にわずか一人の割合でした。ところが、文化十四年（一八一七）から文政十一年（一八二八）までの十二年間に遠寿院二十七名、智泉院三十六名で、数字の上からは智泉院の方が多かっ

4-8　（参考）鬼子母神祈禱本尊

たようです。入行する月もまちまちで正月や十二月が最も多く、入行日も現在のように十一月一日と決まっておらず自由であったようです。志を持った日蓮宗の僧侶は荒行堂（加行所）に入行し、日蓮宗伝来の祈禱法を体得しました。堂内の修行は初行から五行までの五つの課程があり、各行で独特の祈禱法が相伝されていました。この祈禱法は法華系宗派で修される独特の祈禱法で、霊障による心身の病の原因を生霊、死霊、野狐、疫神、呪詛の五段において祓うといったものです。我々の日常生活に波紋を及ぼす災難をこの五つに区分しています。そして、私たちが生きていくにはさまざまな妨げがあり、これを「障《さわ》り」と呼んでいます。この「障り」を修法の祈りによって打ち破り現世に安穏の御利益を受けるといった、日蓮宗独特の祈禱法といえます。修法師は五つの「障り」を見つけ出し、修法によって治すわけです。加持の方法はいくつか伝来していますが、ここでは江戸時代に流行した「寄《より》加持（寄祈禱《よりきとう》）」という祈禱法を紹介してみます。

加持の語源

『日本宗教事典』によると、「仏教における思想的、教理的展開についての理解が欠落したまま、その機能面のみが強調され、加持とは現世利益を目的として除災招福のための特殊な又はマジカルな祈りの形態（行法）として理解されている」とあります。日蓮教団史研究の泰斗である宮崎英修先生（元身延山大学長）も、「加持とは如来大悲の力を衆生に加被し、その力を持続させることによって祈禱は仏力を信者に加附し、信者にこの仏力を受授させるためにするのであるから、祈禱はそのまま直ちに加持といわれる」と定義しています。

鎌倉・室町時代においても加持祈禱は盛んでしたが、江戸時代に入ると庶民の信仰のニーズに合わせて広がっていきます。十七世紀半ばに活躍した仙寿院日閑上人は身延の積善坊流祈禱を江戸に持ち込んだ僧侶ですが、注目すべきことは高田亮朝院の七面大明神の御宝前で修法祈禱を行い、多くの信者を獲得していることです。同じ頃中山では、経王院日祥上人が修法相伝の円立坊を建て、後に遠寿院日久上人がこれを継承しています。この系統が遠寿院流と呼ばれ、同時に近くにある智泉院流も興っています。この時期の祖師信仰は江戸の下町で盛んでしたが、併せて七面大明神・大黒天・稲荷大明神への信仰も高まっています。すると寺院側の布教姿勢も次第に祈禱の要素が色濃くなっていきました。

寄加持の資料

「寄加持」に関して、江戸幕府側の資料をみてみると、寛文五年（一六六五）九月二十六日の「方式の条目」第十一条に、「祈禱者として妄りに寄り祈禱を行ってはいけません。但し、叶わない時は各門流の頭寺に相談を遂げること。付、売僧がましい奇怪なことをしてはいけません」とあり、明らかに「寄加持」が禁止されていたことがわかります。逆にいえば、この時期に「寄加持」が流行っていたことになるわけです。このため、幕府は明和年間（一七六四―七一）に寄り祈禱禁止の町触を出しており、「下札、書面の祈禱は、本山派・当山派の修験道が寄祈禱を行っていたため、違法である」ということを寺社奉行が各宗派の寺院に通達しています。

さらに、「病人の邪気をうけ、生・死霊の魂並びに野狐憑きなどの訳を糺し、邪気退散のために本尊不動尊法を修し、祈願を行っている。伝来については、天台宗の僧侶が尊延久帝の頃に子供を使って祈禱を行っている例がある。これをお尋ねしたい」とあり、天台宗僧侶が「寄加持」を行っていたので、幕府はそれを取り締まっていたようです。

寄加持の方法

「寄加持」の語義について、『日蓮宗事典』には「寄り代を使って行う修法。寄りに立つ者を神女、寄増、託女・神子・巫女などと呼称する」とあり、原因究明が困難な時に行う祈禱法と位置づけています。祈禱師の指南書である日学上人（後の仙台法蓮寺住職）の相伝書をみると、次のように記されています。

寄加持の事

問うて曰く、寄り加持とはどういうものか。答えて曰く、加持の二字は前文の如し。寄りとは、物の寄り集まって顕れることをいう。理由は何か。まず病に軽重があり（これによって寄り加持の秘法を行う時は、病気の元になる邪気が病気の中に入り、乗り移っていくものである）、また長病・難病・快病があり、その時に験者は油断なく教化・呪法して退散させる。これを寄加持という。（宮崎英修『日蓮宗の祈禱法』三〇七頁所収）

この他に積善坊流祈禱のことが説明され、修法を志す僧侶に加持祈禱法が解説されています。また、「寄加持」は禁止されながらも、日蓮宗の寺院、特に中山系の寺院で修されていたようです。関係資料には、

問うて曰く、病人のために人を代寄りに用いること、甚だ怪しいことではないか。答えて曰く、口伝に曰く、これは尤もであるが、全体病人のために人を使って祈禱することは、秘法である。これは病人直寄り・代寄りといい、病を治すことはこの寄加持にある。しかれどもこれは、容易には用いてはいけない。よって堅く禁止する。（右同三〇八頁所収）

とあるように、病気平癒のために「代寄り」という人を使って祈禱する修法が実際に修されていたことを示す資料です。

当時の随筆類にも「寄加持」のことが次のように記されています。

日蓮宗中山派に寄り加持という修法が過去にあった。中古にこの方法は絶えてしまい、修する僧侶もなかった。人や狐を使って人を欺いているものである。毒気に当てられる者もあり、愚かでなくても病体なので力はない。家の者も欺かれて遂に一命を失ってしまい、他の祈禱は効かなくなる。寄り祈禱は、薬を止めれば病人にとって大いに害がある。これらの祈禱を行う者は世の罪人といえる。（文政九年「治政談」〔『日本経済大典』四五所収〕）

ここにも狐を使った「寄加持」の恐怖が記され、中山門流の寺院で修されていた様子を窺い知ることができます。近世後期の中山流には遠寿院流・智泉院流の両派があり、その中でも智泉院二十

世日啓上人は「寄加持」を使って江戸城大奥女性の信仰をあつめ、江戸から離れているにもかかわらず、智泉院に女中の代参が相次いだといいます。この両院の祈禱僧は、「中山の両験者《げんじゃ》」といわれ、天下にその名を轟かせていました。日蓮宗の修法祈禱の体制が整えられていくなかで、修行法も制文化されていきます。寺院側の修法祈禱に対する姿勢に力が入ると、現世利益を強調する流行神が江戸市域に次第に勧請されていきました。江戸庶民も現世利益の祈りを流行神に捧げ、祈禱師に加持祈禱を依頼するようになったわけです。こうして、庶民の祈りが祈禱師を通じて成就するようになっていくと、祈禱師が人神として崇められるようになり、幕末期には現世利益を主とした新たな宗教のスタイルが形成されていきます。広範囲で狐憑きが流行るようになると、「狐つき落ちて稲荷が一社殖え」と川柳に詠われた程、修法祈禱は庶民の信仰の世界に入り込んでいきました。

狐を用いた祈禱

江戸時代の日蓮宗寺院の加持祈禱に狐を用いた修法があり、中山流の修法師が盛んに修していました。次の資料がその様子を物語っています。

日蓮宗の中に、中山相伝の加持を行う修法師がおり、その多くは狐を使って儀式を行う。先年加持を行う祈禱師に会った。病人に何か思うことを口走らせて、その後に加持祈禱を行って正気に戻してあげる。これは奇妙なことで、実際見聞してみると、狐を使って行う祈禱であった。加持を依頼する人を同じ席に集めて一度に加持を行うようである。（津村宗庵『譚海』第十一巻）

その加持の内容は、

法華経の方便品を一巻ずつ紫の袱紗に包んだものを一人一人に持たせて左右の手を捧げさせ、暫く呪文を唱える。その中の一巻を取り除き、捧げていた手に呪文を唱えて加持すれば、その人は震えおののきて、何かを冂走るようになる。私たちも空手で左右に手を並べるに、暫くして左の大指の爪の間より入るものがある。小さき蜘蛛ほどのようなものがひなひなと脈所まで入りたりと覚えれば、狐はそこに排卵する。修法師が修行した効力はこのことである。一心不乱に陀羅尼を唱え、三宝（仏・法・僧）を念じれば、脈所より戻ってくる。我が宗門においても中山の加持は新法であり、みな狐を使っている。狐と祈禱師のつきあいが長くなり、狐がその僧と別れる時は大いに難儀なことに遭う。（同右）

と新しい祈禱法が庶民の病気平癒の願いを叶えていた様子がわかります。

身延山内の祈禱の流派である積善坊流の伝書に「御祈禱加持得意之事」「現加持祈禱作法之事」「現加持祈禱之事」といった「寄加持」に関するものが収録されています。「寄加持」は中山流のみならず、どうも当時の代表的な祈禱法であったようです。

江戸市域における守護神に対する信仰は、雑司ヶ谷鬼子母神の信仰から堀之内妙法寺の厄除祖師に移っていったといわれています。しかし、幕末期に鬼子母神を祈禱本尊とする中山流の修法によって息を吹き返し、鬼子母神勧請による修法祈禱が新たな信者層を獲得していきました。また、この時期には世上不安も相まって縁日や開帳儀礼が増え、日蓮宗の修法祈禱にみられる加持祈禱の欲

4-9　中山遠寿院

求も、これと期を一にして高まっていったようです。

「寄加持」が流行していることに対して、幕府は中山遠寿院（図4-9）・智泉院を尋問しています。そこで、直寄り・代寄りなどの修法を今後行わないことと、病気によってやむなく行う場合は届け出た上で許可する旨を両寺に通達しており、以後病気のための祈禱は許可制となりました。

4　旗曼荼羅と祈禱——押上最教寺

長谷川一夫主演の「日蓮と蒙古大襲来」（一九五八年大映作品）という映画をご覧になったことがありますか。蒙古という外敵が日本に攻め入ってくることを知った長谷川一夫扮する祖師が博多の海辺で祈りを捧げ、その祈りが天に通じたのか暴風雨が吹き荒れて蒙古軍に襲いかかる場面がありま す。まさに祖師の劇的な出来事を表現した映画といえます。ところで蒙古襲来において、祖師が神風を起こした話は史実とは言いきれない部分がありますが、江戸時代以降になると祖師の起こした奇瑞として伝承されています。福岡県庁隣の東公園には日蓮聖人銅像があります。この像は明治二十一年（一八八八）に建設運動が始まり、同三十七年（一九〇四）に完成したもので、高さは約十二メートルあります。明治時代に入っても祖師に対する信仰は廃ることなく、「日蓮主義」（日本仏教における日蓮の法華経至上主義の理念を近代主義的に体系化した仏教思想）に傾倒した北一輝、石原莞爾《かんじ》、井上日《にっ》召《しょう》といった思想家・軍人に支持されました。

江戸に住む人々が法華信仰の対象としたものに祖師・守護神がありますが、ここでは、旗曼荼羅という丸形の本尊に寄せた信仰、特に江戸城大奥女性の信仰面に注目してみたいと思います。

旗曼荼羅とは

旗曼荼羅は、日本国旗と同じ旗形の中に揮毫された諸仏・諸菩薩・諸天善神が勧請されている曼荼羅本尊で、上に掲げる絵（図4-10）が旗曼荼羅というものです。あまり見かけない形ですが、祖師が蒙古襲来の折に掲げた曼荼羅として伝えられ、現在まで信仰されています。

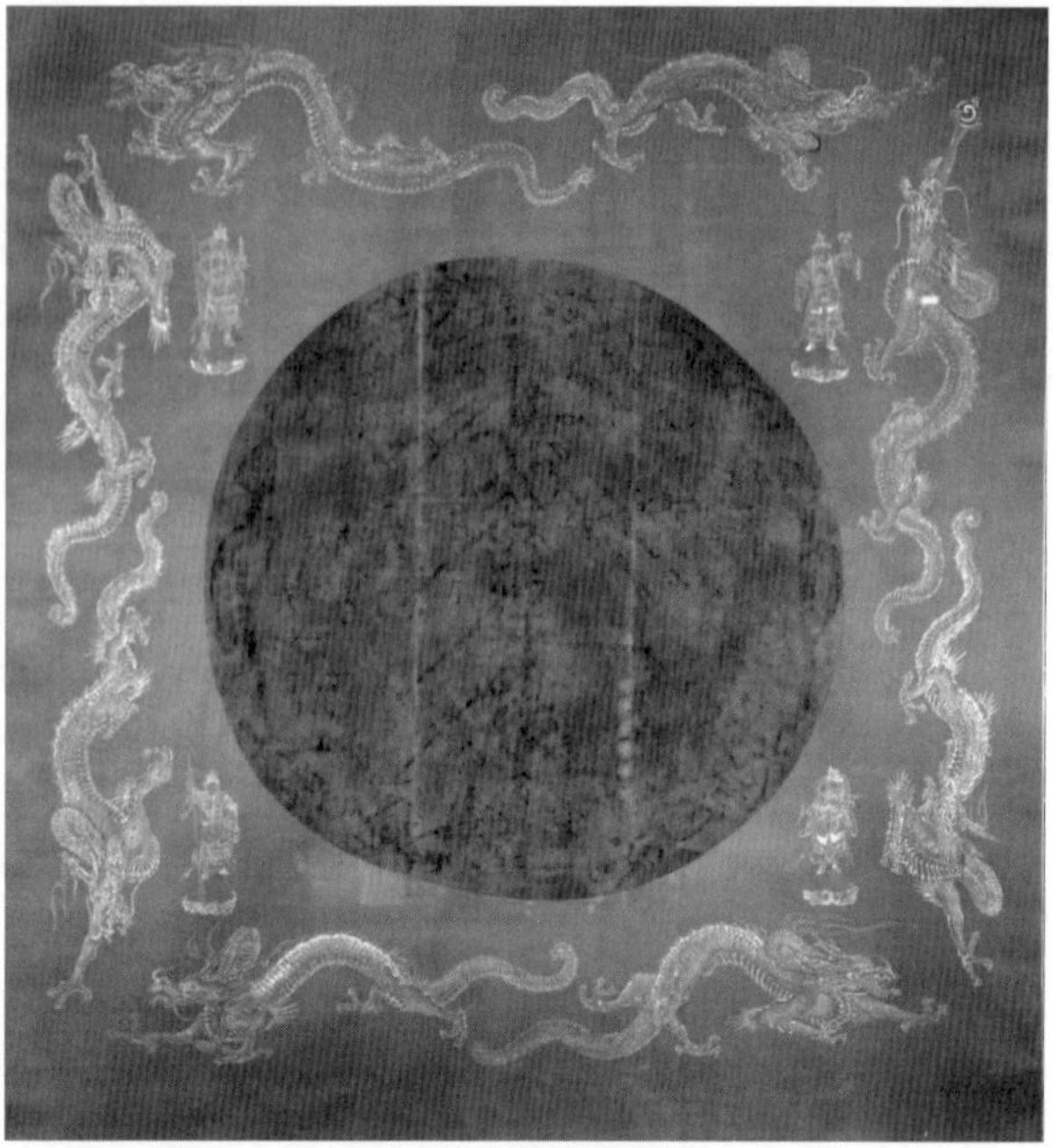

4-10　日の旗曼荼羅

『江戸名所図会』の押上最教寺の項に、「鎌倉将軍惟康親王、蒙古鎮制のために書かしむるところの日蓮上人真蹟の曼荼羅の旗あり」と記されています。惟康《これやす》親王とは鎌倉幕府の七代将軍で、曼荼羅の上下には八大龍王、四方に四天王がそれぞれ描かれ、中央の丸い輪の中に「南無妙法蓮華経」を中心とした曼荼羅が揮毫されています。国旗の形に描かれているので「日の丸」曼荼羅といわれています。惟康親王が博多まで持参し、この旗を立てて蒙古軍を追い払ったという話が伝えられています。

身延山伝来の月の旗曼荼羅は、江戸市域で出開帳されています。時は嘉永六年（一八五三）三月十九日より二十五日の七日間で、宿寺の深川浄心寺において祈禱が修されています。その際に、最教寺（現・八王子市）の旗曼荼羅が出陳され、日（太陽）と月の信仰から祈禱を行っていることが注目されます。

最教寺の旗曼荼羅は日の旗曼荼羅で、久遠寺の月の旗曼荼羅と対になるものです。日の旗曼荼羅の伝来について、『東都歳事記』には「日蓮上人に命じて日月の旗の円中に、大曼荼羅を書かしめ、その旗を貞綱に与へ、西海に発せしむ」とあります。『江戸名所図会』には先に示したとおりで、それぞれ祖師ご真蹟の旗曼荼羅が伝来しているとしています。そして「日の旗曼荼羅一幅、竪六尺五寸、幅五尺五寸」という大きさの日の丸の旗曼荼羅が記され、普段は客殿南の旗曼荼羅堂に収められていましたが、「毎歳七月十六日より二十二日まで虫払として七面堂に掲て諸人に拝せしむ」とあり、一年に一度虫払いの折に出陳され、参詣者に礼拝されたようです。

日の旗曼荼羅縁起

ここで、旗曼荼羅とはどういう曼荼羅なのか、最教寺の「日の旗曼荼羅縁起」を紹介しその内容を探ってみることにします。

日蓮聖人自ら日月の両面に曼荼羅を書し、惟康親王に贈る、すなわち宇都宮貞綱にこの旗を与える。大軍を率いて筑紫に赴き、西海に至る日、時に弘安四年八月一日なり。浜辺の上にこの旗を立て、大風にわかに吹き始めて天地が震動し、木を抜き石を飛ばして大海が荒れ、高波が立ち、船が転覆して蒙古の賊が悉く海に沈む。貞綱、戦わずして勝利を得、親王が登場せずに勝利を治めたのはこの旗のご加護によるものである。信心渇仰の輩は、信仰すべし。

ここには、この旗曼荼羅が蒙古を追い払った御利益ある曼荼羅として、人々が信仰するようになった経緯が述べられています（図4-11）。

江戸時代に刊行された久遠寺三十三世日亨上人の開眼した日の旗曼荼羅（木版刷）の内容をみてみます。

上部には円形の中に曼荼羅本尊が画かれ、その下には、

蓮祖大士蒙古退治旗曼荼羅者武州本所天松山最教寺の地鎮の為に、幅五尺五寸これ有り、今縮めて小幅と為し、これを刊行す

とあり、身延久遠寺三十三世日亨上人の花押が添えられています。この曼荼羅は、弘安四年（一二八一）祖師六十歳の折に認《したた》められたもので、まず宇都宮貞綱《さだつな》、池上右衛門大夫宗仲《むねなか》との関係が記されています。そして、木版刷りにして開眼した宝永四年（一七〇七）は四二七年目にあたるといった説明が付されています。また、「延山日亨　願主最教寺第三世中興権律師叡心院日示」（この代に最教寺は永聖跡となる）とあり、最教寺の願いによって刊行されたとあります。

4-11　『絵本日蓮聖人伝記』（蒙古襲来部分）

文久三年（一八六三）身延山の江戸出開帳の折に出陣された「天拝御旗曼荼羅」の縁起内容もほぼこれと同様で、箇条書きにしてまとめると、次の内容が注目できます。

・自界叛逆《ほんぎゃく》難（日本国内で起こる戦乱）と他国侵逼《しんぴつ》難（外国の侵略を受ける災難）は祖師が北条時頼に呈上した「立正安国論」の主旨に背いたからである。

・御旗は祖師筆の十界勧請の曼荼羅本尊である。

・祖師の檀越宇都宮貞綱が九州に出向き、戦陣として旗を立てて戦い蒙古の大軍を微塵に砕いたことは、この御旗のご加護である。

このような御利益を受けて、江戸城大奥に住む女中は、この御旗を信仰し将軍家の安泰を祈っていました。

旗曼荼羅への祈願

旗曼荼羅に寄せる祈願の特徴についてみると、幕末期のペリー来航にみられる当時の世上不安の状況があげられます。江戸城大奥女性は、将軍家の安泰をまず第一に考え、「天下泰平、御寿命長久、一切諸病難、御諸難ありといえども、異国船に早く立ち戻ってもらいたい」という内容の祈願を、江戸城大奥女性の谷浦・小山・岩多・おう江・藤の・村瀬の六人を通じて身延久遠寺六十六世日薪《にっしん》上人に依頼している古文書が身延文庫に伝えられています。この六名は本丸御使番という役職であり、御台所や御老女衆の代参という形で祈願の役を担っていました。その内容は月の旗曼荼羅に三七日（二十一日間）の間、千巻陀羅尼祈禱を執行するよう願っているもので、その際に初穂料として久遠寺に金十両を奉納しています。

こうした大奥女性の祈願は、嘉永六年（一八五三）、同七年（一八五四）、安政五年（一八五八）にもなされています。嘉永六年の場合をみると、八月二十五日より九月十五日の期間、本丸大奥の女性は国家安泰の祈禱を久遠寺に依頼しています。八月二十三日久遠寺当番より末寺に伝達がなされ、末寺僧侶も出仕することにより大規模な祈禱会が修されました。実際の依頼者は、「異国船渡来に付、先月中御本丸表使《おもてづかい》より御内々にて当山御曼荼羅御宝前において三七日の間祈禱を仰せつけられ」と、江戸城大奥表使役の代参によるもので、「御内々」と記していることから考えて、公式な祈願依頼ではなかったようです。この折の法要では、八月二十五日に久遠寺宝蔵から月の旗曼荼羅を出し、翌月十五日まで祖師堂の御宝前に掲げています。朝飯後、満山大衆が集まる中で僧侶が祖師堂に出座し、『法華経』の総要品一巻・陀羅尼品二十一遍を読誦し、十五日の結日には読経を済ませた経典や洗米を江戸城本丸に献上する、といった形態の儀礼でした。そして、開帳してから九月十五日までの間には、日薪上人が「天下安全　宝祚長久」という祈願を毎日行っています。安政五年（一八五六）の祈禱もほぼこれと同様であり、これはちょうどアメリカのハリスと日米修好通商条約を調印した時期でした。

身延山の旗曼荼羅は資料的には文政三年（一八二〇）、安政四年（一八五七）の古仏堂祖師像の江戸出開帳の折に霊宝として江戸に運び出され、礼拝されています。また、文政十三年、嘉永四年（一八五二）の二度にわたる奥の院祖師像の出開帳の折にも出陣され、大奥女性の前で直接礼拝されています。そして、出開帳の後に身延山の祖師像が大奥に上りましたが、その時に旗曼荼羅も長持に入れられ、参上しています。他にも形木（木版刷）の旗曼荼羅五十幅、小形の旗曼荼羅百幅が上げられ、実際に大奥女性に求められています。なお、「天拝」といって天皇の前に出陣された次の御宝物が注目されます。

・奥の院祖師　　罪障消滅　　心願満足
・七面大明神　　火難除け　　運命長久
・鬼子母神　　子宝成就　　親子和合
・御旗曼荼羅　　七難即滅　　七福即生
・福満授与本尊　　病気平癒　　寿福円満

このように祖師像や守護神像は当然のこと、旗曼荼羅も現世利益があるということで、天皇家において礼拝されました。

※図4-11の伝記の右上部分には旗曼荼羅を掲げた武者がみえ、祖師の揮毫した旗曼荼羅の功徳が強調されています。

5　七面大明神と祈禱――高田亮朝院

江戸後期の江戸において、日蓮宗と加持祈禱とのつながりは深く、世情が不安になると修法祈禱が各地域において修されるようになっていきます。特に、木剣加持という日蓮宗独特のスタイルで行う祈禱は、現世利益を祈る庶民層に支持されました。庶民信仰研究の泰斗である三田村鳶魚が「日蓮宗が信者を得るのは、快弁な御説法の上に、御祈禱というものを持っている。大奥女性を引き付けるのに極楽往生だの後生善処だのというよりも、現証利益の方が何程都合が好いかもしれぬ」（『御殿女中の研究』）といっているほど、大奥女性と祈禱の結びつきは顕著でした。

江戸城大奥と加持祈禱

江戸城大奥女性と加持祈禱の関係について『定本江戸城大奥』に、

大奥にても加持祈禱のことは芝・上野両山の外へ妄りに命ずることを禁ぜられけり。但し御朱印ある寺院より月々神仏の御符、供物杯献じ越すこと、その後も猶以前に変わるべくもあらざりけり

とあるように、芝増上寺と上野寛永寺以外では江戸城大奥の祈禱を行ってはいけないことが幕府の方針となっていましたが、実際には御朱印寺院で祈禱を修していました。文恭院（十一代将軍家斉）

代には、「殊に甚だしく崇信の道ねじれて隠者、道師などを敬め信ずるの風大に行われたり」（前同）とあるように、祈禱師の中にはさまざまな人がおり、捻れた祈禱が横行している時代であったといえましょう。

それでは、江戸城大奥女性の信仰活動と祈禱との関係について、高田馬場・亮朝院（東京都新宿区）を取り上げて紹介してみます。

大奥女性の七面信仰

江戸城大奥と法華信仰との結びつきは、徳川家康側室の養珠院お万の方が女人禁制の山であった七面山に初めて登ったことに起因します。近世後期には、身延山古仏堂祖師、奥の院祖師が交互に深川浄心寺で出開帳を行った際に、霊仏である七面大明神像が開扉《かいひ》され、これに付される縁起によって七面大明神のご利益も宣伝されました。出開帳の折には、江戸城大奥女性によって消毒御符、虫切り御符、眼洗御守、除災難御守といった現世利益の御守・御符類が多く注文されています。祖師木像や同御影のほかに、七面大明神木像・同御影、七面山の御土まで求められています。大奥内には、祖師信仰の他に七面大明神に対する信仰（七面信仰）が顕著であったことがみて取れます。

亮朝院に祀られる七面大明神の信仰面に関しては、坂本勝成氏がすでに紹介していますので（『日蓮教学研究所紀要』第三号所収）、これに譲ることにします。ここでは、将軍家、その大奥と亮朝院の信仰を介したつながりの中でも、特に加持祈禱の面に着眼し、法華信仰の広がりについてみていきたいと思います。

亮朝院の由緒

亮朝院（図4―12）は、江戸近郊に位置する日蓮宗寺院で、江戸時代においては身延久遠寺の末寺として存在し、朝日の祖師と守護神七面大明神を祀る寺院として、近隣に住む人々の信仰をあつめていました。同寺の七面大明神は、身延七面山の分体として勧請され、開山の日暉《にちき》上人は積善坊流祈禱師日《にち》閑《かん》上人の弟子でした。亮朝院では七面大明神の霊験を宣伝するため、江戸時代に何度か縁起を作成し、これを木版刷にして檀信徒に頒布していました。その代表的なものは、筆者が管見する限り次の三つです。

4-12　高田亮朝院

①慶安五年（一六五二）十二月朔日「身延七面大明神由来の事」
②享保二年（一七一七）正月「七

面大明神縁起」

③文化元年（一八〇四）九月「七面大明神鎮座縁起」

これらの中でも最初の①の縁起は、身延積善坊流祈禱中興の日閑上人が記したもので、牛込五明村の荒井山に七面堂を建立し、身延七面社の分体として勧請した旨が記されています。②の作者は、亮朝院五世日匡《にちきょう》上人で、③は同寺十二世日誓上人が②の縁起を書写したものです。①は霊山としての身延七面山の霊験が中心ですが、②・③は七面山の現世利益面が各所に強調されているのが特徴です。特に②の添書には、将軍家や江戸城大奥女性とのやりとりが綴られたものがあるので詳しく記してみることにします。

縁起の意趣は、次のようです。

先代の征夷大将軍家綱尊公の時、御武運長久・天下泰平の御祈禱と申して、別当日暉当社において怠ることなく祈誓する。その意趣はその時の御就添の老女能勢近江奉り、もって御祈禱所として去る明暦乙未年の春、本是新に牛込荒井山という所において七面御宮地に給わる霊地なり。別当亮朝院日暉、その時天下に名を得たる祈禱者で、老女近江帰依して日暉を御本丸へ召し上げ、御座間において御祈禱し奉り、その節当社七面御神体へ入り、将軍の守本尊として家綱公深く崇敬する。その時手に掛ける念珠がある（後略）

享保二丁酉年正月

亮朝院精舎第五世

日匡（花押）

亮朝院の七面大明神は、火除け、七難即滅、七福即生、息災延命のご利益がありましたが、将軍家との関係の上で整理すると、次のような霊験が説かれています。

①亮朝院が江戸城大奥の御祈禱所として機能し、四代将軍家綱の天下泰平・武運長久の祈願を行う。

②御老女「近江」が亮朝院別当日暉上人を江戸城本丸に呼び寄せて祈禱する。

③七面大明神像が江戸城に入って礼拝され、四代将軍家綱がこれを守り本尊として礼拝する。

④将軍家綱が『法華経』の中に南無七面大明神の七字と家綱の二字を記し、御宝剣三種の霊宝を頂戴する。

⑤春秋に将軍家の天下泰平の祈禱を十三年間勤め、七面大明神の霊符を蒙る。

日蓮宗僧侶と信徒の結びつきについては、日匡上人が「その時天下に名を得たる祈禱者」ということで、御老女近江が帰依した内容が強調されていることが注目されます。現世利益に対する具体的な内容が語られることによって江戸城大奥女性の信仰をあつめ、元禄十四年（一七〇一）三月二十七日、同十五年（一七〇二）三月九日と二回にわたり、五代将軍綱吉の母桂昌院の参詣を得ることに成功する程でした。同十五年正月には大奥女性の資助により七面宮の梵鐘鋳造に成功し、さらには、宝永四年（一七〇七）十一月に起きた地震による死者供養のために「祈禱経」一巻を献上し、次第に大奥女性と結びつきが強くなっていきます。承応四年（一六五五）三月二十三日には家綱の疱瘡の祈禱を行って治癒したことから、江戸城大奥女性が寄進主となって三間四面の七面堂が寺内に建立されます。亮朝院での祈禱のご利益はこれに留まらず、有徳院（八代将軍吉宗）より陀羅尼を万巻読誦する祈禱を仰せつけられた際に葵紋付水引、御戸帳、提灯の寄付があり、大奥女性が七面大明神を信仰していた様子が具体的にわかります。宝永五年（一七〇八）には亮朝院の堂舎再建を願い出た折に下賜金の下付を願うほどで、八世日満上人代に至っては、西丸大奥家重付の「はやみ」という女性の信仰を得るようになりました。日満上人は、「はやみ」を通じて西丸にも出入りするようになり、資料に「度々御城へ召され御祈禱仰せ付けられ」と記されるほどでした。寛延四年（一七五一）五月には、吉宗の病気平癒・息災延命のための万巻陀羅尼修行を命ぜられ、その折に葵紋付戸帳が亮朝院に寄進されています。同八年（一七五八）四月二十五日には、七面堂表の門脇に総高八尺五寸の題目石塔建立を願い出ています。これらの一連の信仰行為は取り持つ人がいなければ成せるものではなく、大奥女性「はやみ」の口添えがあったからといえます。

亮朝院での祈禱

亮朝院で修される祈禱の霊験について、同寺の「七面大明神縁起」には、

正保四亥年の春、願望に志し身延七面山へ参詣した折に自らの心願を言上し、三寸三分の蘭《あららぎ》の楊子に呪文を書き、七面宮の内に入れ置き、三百日間の水行を行い、三万巻の陀羅尼を誦し、祈りを捧げた。すると、不思議なるかな、宮殿が自然に開いて蘭の楊子が空を舞って日暉上人

の前に飛んできた。亮朝院の飛楊子の木剣というのはこのことである。

とあり、「飛楊子《ひようじ》木剣」の霊験が参拝者に宣伝されました。正保四年（一六四七）以来の秘伝として伝えられる加持祈禱法を修することによって亮朝院は多くの信徒を獲得し、祭礼には堂宇に入りきれないほど参詣者が訪れたと縁起は伝えています。

江戸における祈禱の隆盛

ここで、江戸時代の江戸における祈禱の様相について考えてみます。積善坊流の祖といわれる仙寿院日閑上人は七面信仰を身延から江戸に流入した僧侶であり、これも修法の効験によるところが大きかったといいます。一方、同じ頃中山では日祥上人が修法相伝の行堂・円立坊を建て、これを遠寿院日久上人が継承して、この系統は遠寿院流と称されました。同じ頃、中山には智泉院流も興っています。智泉院流の日啓上人は、加持祈禱の霊験によって十一代将軍家斉側室お美代《みよ》の方の帰依をうけ、中延法蓮寺（品川区旗の台）日詮上人も家斉二十一子千三郎の眼病平癒の祈禱を修し、治癒させています。こうした加持祈禱のご利益により、法蓮寺や智泉院では江戸城大奥女性の参詣が絶えなかったといいます。

日蓮宗の祈禱スタイルである修法祈禱は、亮朝院だけではなく江戸の各寺院でも当然のことながら修されていました。その形態は中山流の祈禱法が中心で、亮朝院十六世日護上人も「正中山験者・当山十六世」といった肩書きを掲げ、中山流の修法祈禱を表面に出して祈禱を行っていました。

しかし、久遠寺末寺であった亮朝院の祈禱僧が身延流の祈禱を用いず、中山流の祈禱を重んじていたことが当時問題になっています。なお、江戸の日蓮宗寺院では中山・身延各流に伝わる独自の祈禱法をそれぞれ修していましたが、どうやら相伝内容や祈禱法の違いが信者獲得に影響していたようです。

亮朝院の七面大明神は、近世中後期の江戸における祖師信仰の高まりとともに、将軍家との密接なつながりが宣伝されたため、ご利益ある守護神として庶民に信仰されました。そして、七面大明神像の前で修される「飛楊子木剣」の加持力によって瞬く間に信仰圏を拡大していきました。江戸の年中行事を記した『東都歳事記』に「高田亮朝院、毎月十九日題目講、正五九月は千巻陀羅尼、開帳説法あり」と記されているように、正月・五月・九月の祈禱月の七面大明神の縁日には千巻陀羅尼の祈禱が修され、広く庶民にも七面大明神の祈禱の霊験と神仏のご利益が宣伝されていました。

亮朝院での祈禱師の役割も重要となっていき、修法師が人々の現世利益の欲求と相俟って急増し、一時は十人の祈禱師を抱えていたといいます。当時の一般寺院でこれだけの祈禱師を抱えている寺院は稀で、当時の亮朝院の繁栄ぶりが目に見えるようです。

なお、正月・五月・九月の三つの月は、他の月と違って「三斎月」「三長月」・「善月」と呼ばれ、この月には八斎戒を守って殺生をやめ、非行を謹んで過ごすことが古くから行われてきました。よってこの月は、日頃の悪い行為を反省し、神仏に祈りを捧げたことから祈禱月とされ、各寺院では特別な行事を行います。

第五章　法華信仰の寺院・仏像・信徒

1　江戸の法華信徒――高崎屋

東京大学農学部（弥生キャンパス）前に高崎屋（文京区向丘）という酒屋があります。ここは中山道の一里塚があった場所で、日光御成道（岩槻街道）との分岐点として商売を行うのに好都合でした。

高崎屋の由緒

店の創業は宝暦年間（一七五一―六三）といわれ、主に酒類の販売が中心でしたが、醬油や味噌も扱っていました。寛政から天保年間には両替商も営んでいたほど、商売は繁盛していたといいます。何しろ商売の方法が現金安売りの商法で、これが江戸の人々の購買意欲を高めたものと思われます。明治十年（一八七七）の長者番付（『東京長者今様鏡』）によると、前頭格の箇所に「駒込辻　高崎屋長兵衛」と記載されているほど、商売は潤っていました。しかしながら、天保改革の風紀粛正によって一時期家屋敷を縮小せざるを得なくなりました。この往時の繁栄ぶりを後世に伝えるため、天保十三年（一八四二）に長谷川雪旦《せったん》・雪堤《せってい》親子に高崎屋の風景画を描かせています（「高崎屋絵図」）。この絵図には二十六種の酒と三種の醤油が登場し、当時多角的に酒と醤油を商売していた様子を知ることができます。なお雪旦は、『江戸名所図会』の挿絵を描いており、当時の著名な絵師でした。

高崎屋の家訓として、三代目長右衛門が天保七年（一八三六）に定めたものをみると、堅実な経営方針が記されています。特に二条目に、「正直第一、勤慎、柔和、家を思い信心肝要」とあり、信仰の大切さが明示されています。

菩提寺本寿寺

高崎屋の菩提寺は谷中本寿寺（台東区谷中）で、代々檀家総代を務めていました。本寿寺は、安政の大地震で本堂が倒壊したため、弘化二年（一八四五）に本堂・庫裏が改築されました。その折にかかった費用のほとんどを四代目長右衛門（二世牛長）が寄進しています。祖師堂の仏具に、「嘉永二己酉歳七月大安日　高寿院日宗代」と刻まれているものがあります。本寿寺に参拝すると、牛長が好んだという瓢簞形の彫刻が、天蓋《てんがい》（図５-２）・幢幡《どうばん》・礼盤《らいばん》・金丸台《かなまるだい》・磬台《けいだい》・本堂向拝彫刻（図５-１）・同入口引戸・花瓶（図５-３）、と随所に施されています。瓢簞の中でも特に千成瓢簞が好まれましたが、これは古来よりたくさん実の成ることから、繁盛・繁栄や富・権力を表すと伝えられているからでしょう。高崎屋でも家紋として使用したようで、高崎屋蔵の徳利、銚子、ランプ・燭台に描かれています。本堂内には高崎屋一族専用の仏間も設けられ、そこには高崎屋先祖の位牌が安

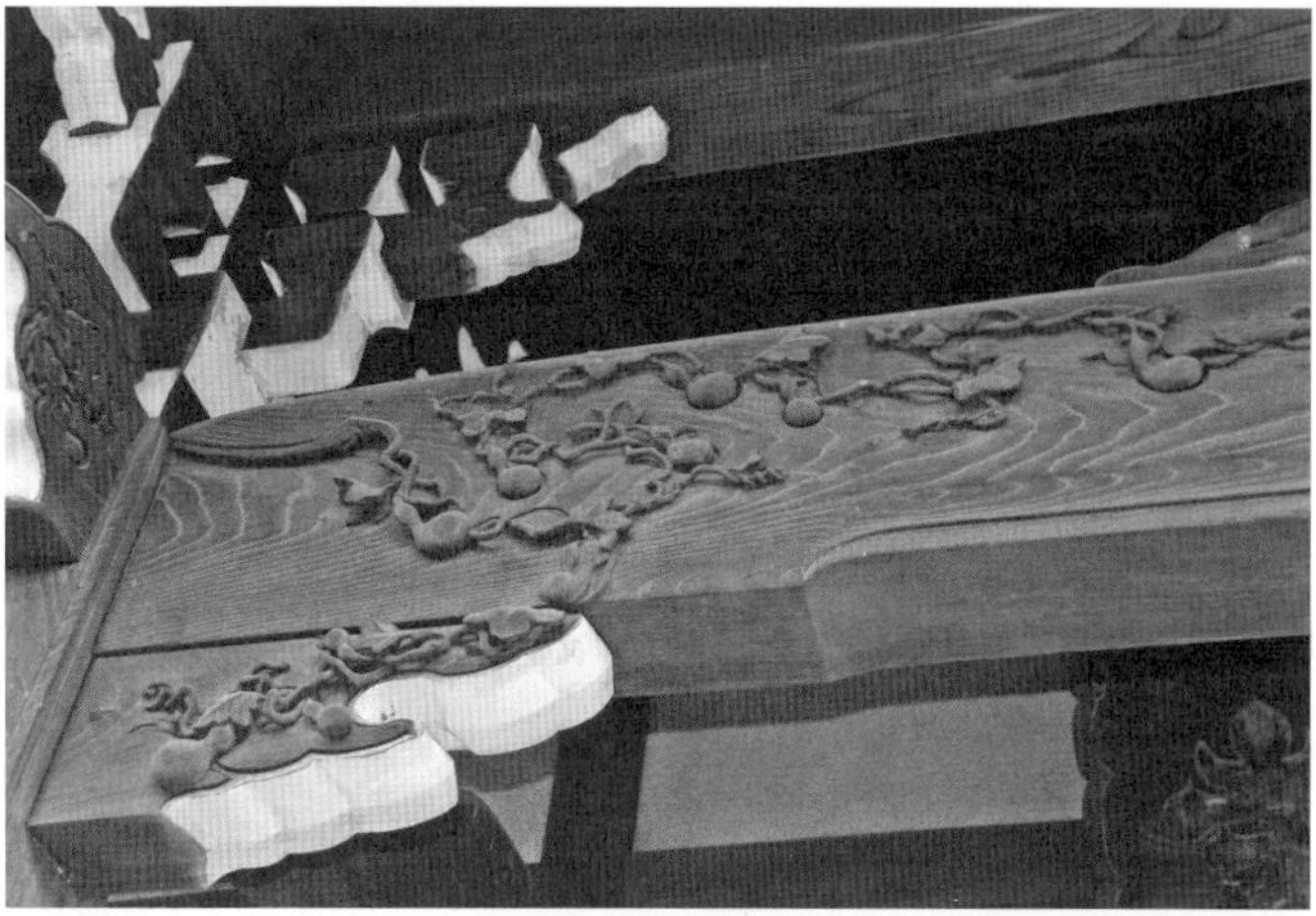

5-1　向拝の彫刻

5-3　花瓶

5-2　天蓋

置されていますから、本寿寺檀信徒の中でも特別の扱いであったことがわかります。
ちなみに、本寿寺は京都本山本圀寺末で、谷中寺町の一角に位置しています。

身延山に一切経を寄進

高崎屋の身延山への信仰行動を具体的に示すものとして、次の資料が身延文庫に伝来しています。

『一切経奉納目録集』六冊

一切経並御経蔵且宝塔奉納之砌集高之目録

但諸人用出金高別帳江巨細相記、山納致候事

発起両人持之部

酒家連

これは江戸の酒屋が一切経を奉納している内容のものです。この帳簿の一冊目には、

伊勢屋甚兵衛分（千住小塚原町）一切経奉納之発起人、但御経蔵並唐銅宝塔共

通計八拾霊

高崎屋長右衛門（駒込追分町）一切経奉納之発起人、但御経蔵並唐銅宝塔共

万屋忠蔵（南新堀一丁目）

とあるように、伊勢屋・高崎屋・万屋といった江戸市域の酒屋の三名が発起人となって久遠寺経蔵や唐銅宝塔の建立を進めていることが窺えます。この一切経は冊子に装丁され、帙に入れられてお

り（図5-4）、奥書には、

東都の売人高崎屋長右衛門、名は章厤。市川甚兵衛、名は栄雄等の十二人、曽て閲蔵の功徳を聞くことを得て、共に浄心を発して相い謀って財を棄て、更に余人に勧めこれを助ける。蔵経を購買し、新たに蔵庫を造ってこれを納む、当山において今復た此の宝塔を建つ。其の福報、豈に唐損ならん哉。

嘉永二年己酉七月大安日　甲州身延山久遠寺

賜紫　日薪識

世話役
小西悦蔵
米屋千助
松屋和助
鹿島由兵衛
伊坂与兵衛
高崎屋慶蔵
豊島屋金七

本願主
豊島屋十右衛門
玉川藤右衛門
玉川長左衛門
鈴木新助
伊勢屋生次郎
小沢鉄五郎
矢野伝兵衛

5-4　鉄眼版一切経

萬屋吉蔵　　　　　発起人
伊勢屋万吉　　　　伊勢屋甚兵衛
永岡由兵衛　　　　高崎屋長右衛門

といった銘文がすべての冊子の末尾に印刷されています。ここには、嘉永二年（一八四九）七月大安日に久遠寺六十六世日薪上人代に十人の本願主と七人の世話人、発起人二名が名を連ね、「東都深川浄心寺に於て、当山奥院祖師開帳の砌にこれを納む」とあることから、身延山の江戸出開帳の折に奉納されたものであることがわかります。そして、出開帳という儀礼を通じて経典の寄進がなされ、身延山と江戸の人々との信仰を介したつながりが明らかとなります。また、六冊目には、

　嘉永七寅年十一月四日東海道筋大地震の時、身延山も同様であったので、御経蔵ならびに宝塔とも悉く損失した。翌安政

二卯年三月廿四日出立にて、幸太郎・安兵衛普請方に行き、伊勢屋甚兵衛の倅彦次郎が立合にて再建した。よって、これにかかる入用金を酒家連中より出金した。これは左之通である。

一金五拾両　（朱印）　伊勢屋甚兵衛
一金六拾両也　（朱印）　酒屋連一同より出金
　右之内訳
一　弐拾五両　　下リ酒問屋売人中より
一　五両　　万屋忠蔵
一　五両　　鈴木新兵衛
一　五両　　伊勢屋生次郎
一　弐両弐分也　　永岡由兵衛
一　弐両弐分也　　小沢鉄五郎
一　弐両弐分也　　伊勢屋与吉
一　弐両弐分也　　矢野伝兵衛
右者本願主之内之七人奉納也
　惣〆金壱千五百七拾五両ト銭壱貫百七拾弐文

とあるように、嘉永七年（一八五四）十一月四日東海道筋に大地震が起こった折に、身延山の経蔵と宝塔が破損したのでこれらを再建しようと企てた人物がいました。その中心人物は嘉永二年の時と同じく、伊勢屋甚兵衛であったことが資料から読み取れます。さらに、「諸堂再建立記」をみていくと、「嘉永二己酉年九月、江戸深川浄心寺において奥院祖師出開帳の折に、六十六世日薪師代に発起人本行房是感院日行上人が天台大師の像と同時に画を寄進する。この表具の施主は高崎屋長右衛門、伊勢屋甚兵衛である」とあるように、大方丈惣座敷の仏画の寄進を行っています。これも嘉永二年九月の奥院祖師像出開帳の折に本行房日行上人と高崎屋長右衛門・伊勢屋甚兵衛の間で取り交わされたものでした。この両人は、「万延元年庚申四月、高長・伊勢甚登山にて目録帳上る、外に施入志霊法号帳一冊上る」とあるように、酒家連の中心人物でした。

近世の高崎屋は、追分本店の他、江戸市域に十四の支店や分店があり、小網町の支店は地回り酒問屋として存在していました。現在の新川（中央区）の川岸に酒問屋が集中しており、そこで無名の酒を集めて「江戸一」という銘柄で販売していました。これは売れ行きがよく、醬油にも同じ名称をつけて評判がよかったということです。

高崎屋の信仰

江戸時代の高崎屋の当主は、代々長右衛門を襲名しました。墓所は、本寿寺祖師堂の裏手にあり（図5-5）、分家や高崎屋に仕えた商人の墓所が本家の周りを囲む形で建ち並んでいます。また境内には、二世牛長の辞世の句碑があります。

三界に　雲なき月の　旅路かな

5-5　高崎屋墓所

篤信者であった牛長の信仰の一端が垣間見られます。

本寿寺二十五世日宗上人も、牛長建立の題目塔に、

寛延年中本願人之面々為菩提

本寿寺廿五世　高寿院日宗

と刻んで高崎屋先祖の供養を行っています。

現在の高崎屋は、番頭であった渡邊家が継承しており、本家は小網商事を経営しています。かつて高崎屋は、江戸の食文化を支える酒・味噌・醤油を商う代表的な大店《おおだな》でした。

江戸の法華寺院を歩くと、さまざまなことが発見できます。檀信徒層に視野を拡げて追究していくと、信徒層に武士や庶民といった階層別や商人・職人といった職種別の傾向がみられることを知り得ます。これには、本家から出た分家や家の奉公人が、本家や主人と菩提寺を同じくしたことが関係しています。

２　江戸城大奥女性ゆかりの江戸の日蓮宗寺院

江戸城大奥という世界は、江戸の中心に位置する江戸城の中にあって城の奥まった位置にあり、世間とは隔絶された社会でした。よって、大奥に仕える女中（女性）が城外に出る機会は容易にはなく、閉鎖的な社会であったといわれています。大奥内に住む女性と法華信仰の結びつきは、大奥という組織ができあがった近世初頭、徳川初代将軍家康の頃からすでに始まっています。

大奥女性と法華信仰

江戸城は、幕府の政庁である「表」に続いて、官邸ともいうべき「中奥」があり、さらにその奥に将軍の妻妾がいる私邸ともいうべき「大奥」がありました。この大奥は御錠口を境として将軍を除いた男子禁制の場となっており、特殊な社会であったことが知られています。この居住空間の中にはいくつかに分けられた職制の中で多くの女性が生活し、俗に「後宮三千の美女」といわれるほどの女性社会でした。江戸の法華信仰の姿を深川浄心寺と身延山祖師の出開帳を介した関係から探ってみると、身延山の祖師信仰に支えられ、現世利益の信仰と相俟って鬼子母神・七面大明神といった法華経の守護神に対する信仰が時代とともに台頭してくる傾向がみられました。出開帳の際の開帳場では大奥女性が信仰する守護神や御宝物が出陳されていました。この日蓮宗寺院に勧請される守護神には流行神となって信仰されたものも多々あり、時代を経るとともに各寺院に勧請され、江戸に住む人々の現世利益を受けとめていきました。

寺院への代参行動

庶民が仏教に求めているものは葬祭と除災招福といわれていますが、将軍家に仕える女性にとっては、歴代将軍の供養や現将軍の無事を祈ることが重要な任務でした。江戸幕府としても徳川家の菩提寺である芝増上寺、上野寛永寺において、歴代将軍の追善供養を依頼していました。『徳川実紀』に両寺への江戸城大奥女性の代参記事が多くみられることから、徳川家菩提寺への代参は、大奥において公式行事となっていたことが知られます。

歴代将軍の霊廟には別当寺が置かれ、江戸城大奥内に住む女性は御台所《みだいどころ》の代わりにそこに参詣するといった信仰行動をとっていました。これは代参《だいさん》という信仰形態であり、外出に対して厳しい大奥の世界においても神仏祈願のための参詣は比較的安易に許可されましたので、これを理由に城外に出る女性も少なくありませんでした。代参の役目は職責上御年寄と決まっており、外出時の行列は、表使《おもてづかい》を筆頭に御使番《おつかいばん》、局各一名、多門という又者《またもの》の女性二名、駕籠かきの陸尺《ろくしゃく》、供方五人、添番一人、伊賀者一人というのが通例でした。代参の帰りには芝居見物が恒例になっており、神仏詣とは名のみで物見遊山が主な目的となっていることが多々ありました。よって代参にまつわる事件も多く、十代家治代に表使の女性と霊廟別当寺の僧侶が心中するという珍事や、他にも寺院を舞台にした事件が後を絶たなかったといいます。

物見遊山を伴う代参が目につく中で、すべての代参行動が信仰と無縁であったわけではありません。江戸市域の寺院には、江戸城大奥女性が寄進した仏像や仏具といった信仰の軌跡が存在します。

大奥女性の信仰形態

大奥の正室・側室の中には、夫である将軍の没後に剃髪し出家する人も少なくありません。初代家康の側室お万の方も夫家康の没後に出家し、身延久遠寺で家康の追善供養の法要を営んでいます。十一代家斉没後には、西丸女性四人、御客会釈《おきゃくあしらい》生駒・中臈《ちゅうろう》おとや・中臈おるせ・御切手おくのが鼠山《ねずみやま》感応寺で剃髪したという記事があります（『新編若葉の梢』）。つまり大奥内に仕える女性には落飾《らくしょく》して仏門に入るという入信形態が頻繁にみられました。

江戸城大奥における年中行事の中から目立った信仰行事を取り挙げてみると、

・二月（初午）……庭の築山にある稲荷社に参詣
・二月十五日（釈迦の涅槃日）……御目見得以上の女性に御籤《みくじ》を配る
・四月八日（灌仏会《かんぶつえ》）……牛込宗柏寺の釈迦像を礼拝する
・盆三日……仏間にて魂祀りを行う
・七月十日の夜……御火の番の詰め所に伝来する観世音菩薩を礼拝する
・十月一日……御膳所に荒神《こうじん》を祀る

・同月二日……寛永寺開山忌に代参する

といったものでした。

江戸市域には、江戸城大奥女性と関係のある寺院がいくつかありますが、法華信仰を語る上で代表的な寺院をいくつか紹介しましょう。

5-6　芝正伝寺毘沙門堂

芝正伝寺（港区芝）（図5-6）

同寺の毘沙門天像は伝教大師作と伝えられ、江戸期には目を見張る程の活況を呈し、江戸城大奥から広く庶民まで信仰をあつめた「江戸三大毘沙門天」の一つです。現在でも正月・五月・九月の初寅の日には、開帳と祈禱が修されています。

延命院（荒川区西日暮里、三章5参照）

谷中にある延命院は、三代将軍家

光の側室お楽の方の安産を祈願して功績のあった僧侶日長上人のために、幕府が建立した寺院です。江戸城大奥や諸大名家の大奥女性の信仰をあつめるようになり、特に女性の参詣客が多かったといいます。それも高齢の女性ではなく若い町娘や妙齢の女性でした。延命院住職の日道上人は、〝お釈迦様より美男におわす〟と噂されるほどのイケメン（美男子）で、四十二歳でした。彼を一目見たくて、江戸中から大勢の女性がこの寺にやってきました。そんな折、日道（日潤）上人が自分を頼りにしてきた娘や人妻と関係をもってしまう、という噂が広まってしまいました。

慶安元年（一六四八）に江戸城大奥三沢局が甲斐国七面山に千日の間参籠し、夢のお告げで勧進した七面大明神像が延命院に祀られています。大奥内においても、十一代家斉代の西丸御中臈梅村が寛政五年（一七九三）延命院住持になった日潤上人に帰依し、多くの大奥女性が代参しています。

千駄ケ谷仙寿院（渋谷区千駄ケ谷）

家康側室お万の方の開基で、正保元年（一六四四）里見日遥上人（安房の太守里見義康の次子）を開山として創立されました。お万の方の子孫である頼宣にゆかりのある紀伊徳川家、伊予西条松平家の江戸表における菩提寺・祈願所として存在していました。

常泉寺（新宿区原町）（図5-7）

本堂安置の祖師像は、近世に江戸城大奥に出開帳され、礼拝された像と伝えられています。また

5-7　原町常泉寺

境内には、第二次世界大戦で供出してしまいましたがかつて大奥女性の寄進による唐金の宝塔が建てられていたといいます。

中山法華経寺（千葉県市川市）

江戸の寺院ではありませんが、十一代将軍家斉側室お美代の方の力添えによって将軍家の祈願所となり、大奥女性や御伽坊主が家斉の「御治世万歳」「天下泰平」「御武運長久」「御寿命長久」「為菩提」「逆修供養」という名目で代参し、祈禱札や護符（御符）が大奥女性に求められています。

中山智泉院（千葉県市川市）

江戸城大奥女性と信仰を介したつながりがみられます。同寺は、法華経寺の支院であったため、祈禱所にはなれませんでしたが、十一代将軍家斉側室お美代の方の後ろ盾によって法華経寺が「将軍家祈禱所」となった折に、「将軍家祈禱法要取扱所」といった看板が許可されました。二十世日啓上人代に大御所家斉、十二代将軍家慶の武運長久を祈願し、独特の加持祈禱によって大奥女性の帰依をうけ、江戸より遥か七里離れているにもかかわらず大奥女性の代参が続いたといいます。日啓上人は智泉院流の祈禱を中興した僧侶ですが、天保八年（一八三七）日如上人が智泉院加行所百日成満の折に授与した曼荼羅本尊の脇書に次のように墨書されています。

両御丸御祈禱御法要所　蒙台命初祖兼徳賀岡別当

本化正統大聖直授祈禱的伝行所　正中山智泉院

高田亮朝院（新宿区西早稲田、四章5参照）

当寺の守護神である七面大明神の享保二年（一七一七）の由来書添書をみると、四代将軍家綱代に西丸の御老女近江の帰依によって江戸城大奥と結びつきができました。元禄十四年（一七〇一）には、二度にわたって五代将軍家綱の乳母桂昌院の参詣を得ることによって、大奥女性の七面大明神に対する信仰をあつめ、七面堂への参詣が当時の物見高い江戸庶民の話題となっています。文化元年（一八〇四）九月に改版した「七面大明神鎮座縁起」をみると、将軍家の「永々御祈願所」としての肩書きがあることから両者の信仰を介した深い関係がわかります。

これらの寺院の多くは、将軍家の祈禱を修する寺院としての看板を売り物にしていましたが、この他にも大久保妙典寺、関口蓮光寺、足立国土安穏寺などがあり、将軍家を通じて大奥女性と密接なつながりがみられました。また、徳川御三家の水戸家祈禱所であった延命院や西方興善寺、紀州徳川家の祈願所であった仙寿院は、法華の篤信者であるお万の方と深いつながりがある寺院です。

大奥女性と日蓮宗寺院

ここで、江戸城大奥女性と江戸の寺院のつながりを分類・整理してみると、次のようにまとめられます。

①大奥女性が開基檀越となった寺院
②大奥女性の帰依により、堂宇・仏像・霊宝などが寄進された寺院
③大奥女性が祈願を依頼し、代参した寺院
④大奥の祈願所となった寺院

日蓮宗僧侶の積極的な布教や大奥女性の信仰によって、寺院と女性の信仰を介したつながりが成立したわけです。

3　江戸城大奥女性の信仰――鼠山感応寺

江戸城大奥女性の信仰に関して、近世後期に大奥女性が通いつめた鼠山感応寺《ねずみやまかんのうじ》（豊島区付近）を紹介することにします。

感応寺の由緒

感応寺は、現在廃寺となって存在しませんが、近世後期に現在の豊島区目白付近に建立された壮大な伽藍を誇る寺院でした。江戸の随筆『江戸繁盛記』には、「谷中感応寺、湯島天神、目黒不動」を「大江戸の三富《さんとみ》」と記されており、感応寺は千両取の富突《とみつ》きで知られていました。同寺は中老僧日源上人を開山とし、近世初頭には池上本門寺の末寺でしたが、不受不施義を主張したため元禄十二年（一六九九）に天台宗に改宗させられてしまいました。その後、天保四年（一八三三）に護国山天王寺と寺号を改めています。

未だに謎の多い寺院ですが、鼠山に建立された過程について、金子十徳《じっとく》が記した『爐楓《ろふう》』という資料に詳しく記されているので引用し、その栄枯盛衰《えいこせいすい》をみてみましょう。

天保四年（一八三三）十月、池上本門寺四十八世日万上人は、以前あった感応寺の退転を歎き再建を志します。翌五年に御朱印三十石を賜り、地所約三万坪（二万八六四〇坪）を拝領し、安藤対馬

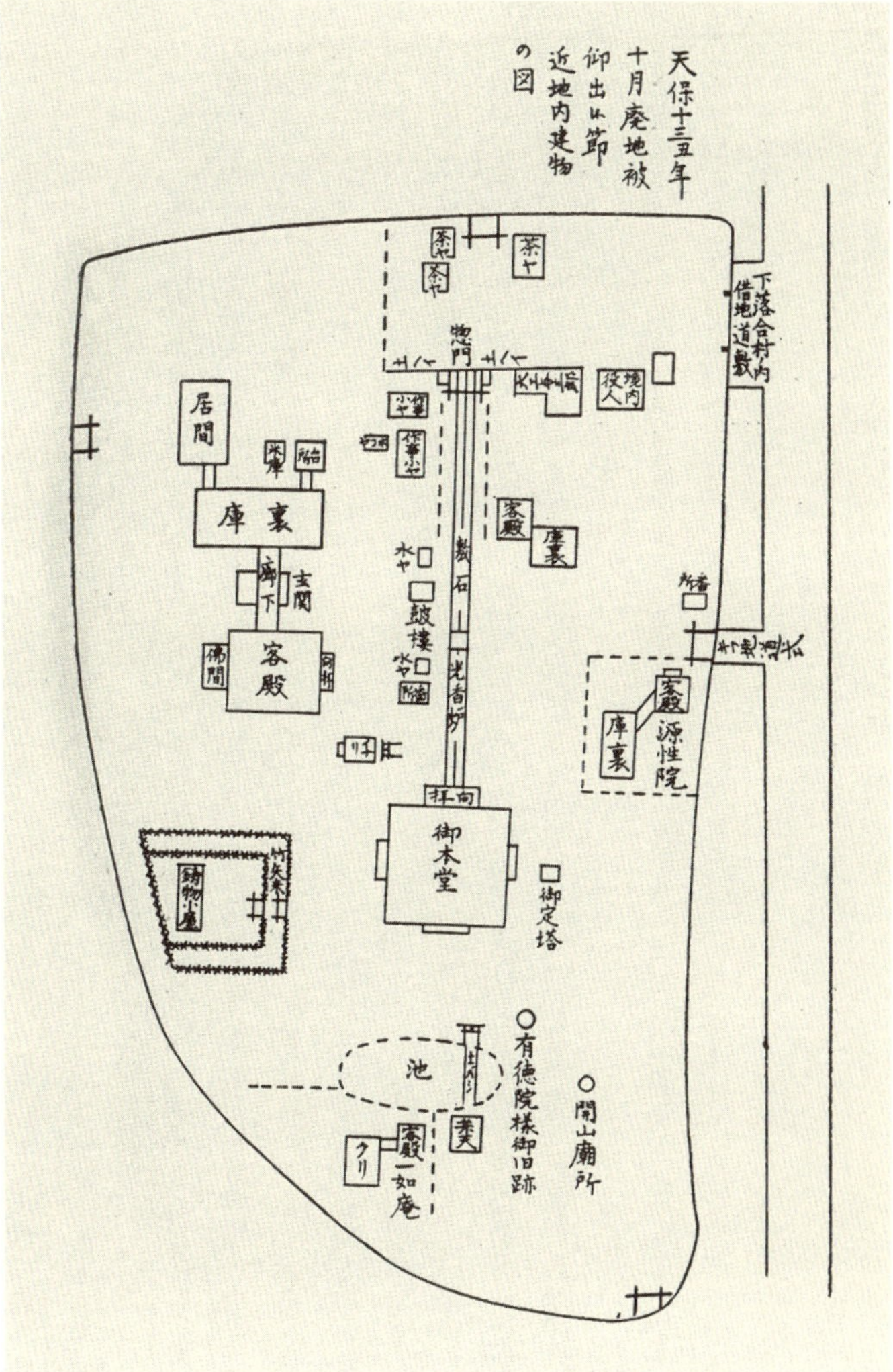
天保十三丑年
十月廃地被
仰出し節
近地内建物
の図
茶ヤ
茶ヤ
茶ヤ
惣門
下落合村内
借地道敷
境内
役人
居間
庫裏
廊下
玄関
客殿
敷石
鼓楼
水ヤ
客殿
庫裏
向拝
御本堂
鋳物小屋
竹矢来
源性院
客殿
庫裏
池
有徳院様御旧跡
開山廟所
弁天
客殿
一如庵
クリ

5-8　（参考）感応寺境内図

守の下屋敷が召し上げられました。その敷地は〝大江戸の尻尾のあたり鼠山〟と川柳に詠まれており、江戸の外れの鼠山に隣接していたため〝鼠が大寺を引いてきた〟と、当時評判になったといいます。同六年（一八三五）には地均しが始まり、本堂が建立されます。当時の随筆に、

日蓮宗の信徒が日々に集り、土を運び千本突《せんぼんつき》ということを行う。後には群ごとの目印をつけ、揃いの手拭、揃いの着物など、老若の男女が交り、今日は何方の奥向、何方の御守殿《ごしゅでん》女達らが参詣して賑やかであり、また見世物として他宗の者も交じり、日に日に繁栄している（後略）

と記されているように、江戸講中《こうじゅう》は旗を立ててあつまり、大奥女性が千本突きの富くじに参加する様子が注目されたようです。

この感応寺繁栄の状況について、

女は縮緬《ちりめん》や結構な衣装のまま、あるいは板締め縮緬に襷《たすき》を掛ける者もあり、侍女《じじょ》も同様である。この日、本丸女中加賀侯、農工商の者も皆挙って集まり、その数はあまりに多いので、一日に何万人か計り難い。

と、大袈裟な表現が少々気になりますが、天保九年（一八三八）に本堂の開堂供養が営まれました。ところが同十三年（一八四二）には、天保改革の風紀粛正もあって再建後僅か八年で取り壊されてしまいます。

感応寺の栄枯盛衰

繁栄時は、釈迦堂・祖師堂・経蔵・五重塔・鎮守堂・宝蔵・鐘楼・鼓楼・山門・総門・中門・客殿・書院・庫裡《くり》、その他塔頭《たっちゅう》十カ寺を擁する壮大な伽藍で、地域の人々も目を見張るほどの繁栄ぶりでした。この伽藍と周辺の状況について、『江戸風俗総まくり』には「出精《しゅっせい》して頗《すこぶ》る霊場大伽藍となる物から農家忽ち料理店と替わり、会式夜籠《こも》り師走の市漸々繁栄の兆《きざ》しを顕す」とあるように、感応寺が建立されてから周辺が賑やかになった様子がわかります。

本堂に奉安される祖師像は、祖師佐渡流罪・赦免の折に遡り、難産の女性に杓文字《しゃもじ》をもって十界の大曼荼羅本尊を勧請し、これを礼拝することにより安産となった霊験が語られています。この祖師像は日暮里善性寺《ぜんしょうじ》（荒川区東日暮里）から、現在谷中瑞輪寺境内に遷座され、「安産しゃもじの祖師」として祀られています。

本堂の本尊は、

左脇　大黒天（秘仏）　文恭院（家斉）随身仏

天保十二年閏正月十二日広大院、上意によって御側坊主栄嘉持参して当寺に納める

本尊　宗祖日蓮大菩薩　読経坐像　施主は当御丸大奥女性衆にして世話人は山岡勝井女性　天保六年三月二十一日池上本門寺四十八世日万上人開眼

右脇　大国阿闍梨日朗菩薩　念珠の坐像

開山賜紫妙華院日万上人持経坐像　日万上人自作開眼

（『新編若葉の梢』）

とあるように、祖師像を中心に左右に大黒天、六老僧日朗《にちろう》上人像、池上門流の門祖日朗上人を安置する勧請形態でした。祖師像については、『感応寺興隆記』に、「此度御本丸大奥女性寄進方御発起にて祖師の像出来、感応寺へ御納相成候」とあり、大奥女性の寄進したものであることが裏付けられます。

開堂供養は、七月二十二日より八日間催されていましたが、この祖師像は、縁あって後に鎌倉薬王寺（鎌倉市扇ケ谷）に安置されたといいます。ところが、前述した通り、開堂供養後間もなく取り壊されてしまいました。この理由は、将軍家斉の死去、水野忠邦の政策、新興勢力をねたむ者の讒《ざん》訴《そ》などがいわれています。

この状況を当時の随筆には、

世は移り変わり、是迄御取立にあった大寺は悉く廃寺となり、本尊は本門寺へ移し、（中略）嗚《あ》呼《あ》感応寺往古悲田《ひでん》派《は》から天台宗に代わって再興のために却って名目を亡ぼしぬ。

と、短期間に栄華を極めた大寺が廃寺となった様子が詳細に記されています。

感応寺の取り立てには、十一代将軍家斉側室お美代の方の肝入りがあったといわれています。お美代の方は、文化三年（一八〇六）本丸に入り、同七年御中臈《おちゅうろう》、同十年に家斉との間に溶姫《ようひめ》（後の加賀藩十三代藩主前田斉泰《なりやす》夫人）、十二年に仲姫《なかひめ》（死亡）、十四年に末姫《すえひめ》（後の広島藩九代藩主浅野斉粛《なりたか》夫人）を出産しました。家斉の寵愛《ちょうあい》を受けましたが、その出自は中山法華経寺内にある智泉院の日啓上人娘ともいわれています。

5-9　現在の身延山久遠寺祖師堂

感応寺には江戸城より大奥女性の駕籠が行き交い、智泉院へ代参を行うことになり、次第に大奥女性と僧侶との噂話が流れるようになっていきました。ところが、天保十二年（一八四一）閏正月に大御所家斉が死んだ後、同五月になって老中水野忠邦は天保改革に着手しました。その際に阿部正弘を寺社奉行に任じ、智泉院の手入れを行いました。日啓上人は召し捕られ、取り調べの結果女犯の罪で遠島になり、一件落着しました。感応寺は完成後、僅か五年も満たずに廃寺となってしまったわけです。

取り壊された本堂他の堂宇の用材は、比《ひ》企《きが》谷妙本寺《やつみょうほんじ》（鎌倉市大町）に一時保管されました。その後、明治八年（一八七五）の大火で焼失した身延山久遠寺祖師堂の資材に用いられたということです。現在の久遠寺祖師堂（図5-

9）の柱や木組みをみてみると、古い木が使われている箇所があることに気づきます。

4　明暦の大火と本妙寺——万灯と纏

「火事と喧嘩は江戸の花」といわれるように、近世の首都江戸には火事が多かったといいます。特に、明暦の大火は歴史に遺る火事で、当時の江戸のほぼ全土を焼き尽くしたということです。

明暦の大火と本妙寺

『日本史事典』には「明暦三年（一六五七）一月十八日と十九日、明暦の大火。死者数は最大で十万七千人との推計。山の手三箇所から出火し、両日とも北西風により延焼。江戸の大半が被災し江戸城天守閣も焼失した。近世最大の被害を出した大火であり、江戸の都市計画や消防制度に大きな影響を与えた。通称振袖火事」という記述があります。江戸幕府は明暦の大火の惨事によって両国に回向院を建立し、ここで大火で亡くなった人々の供養を行っています。

通説では、丸山本妙寺（現・豊島区巣鴨）が明暦の大火の火元といわれており、現在本堂の東北角に建っている石塔の表面には、

一業所感焼死群類霊
妙　法　蓮　華　経
干時明暦三丁酉正月十八
九日

5-10　明暦大火供養塔

と刻まれています（図５-10）。明暦の大火の供養塔といわれるものです。本妙寺は法華宗陣門流総本山本成寺の別院で、徳栄山総持院と号し、その歴史を遡ると、徳川家康に仕えた久世《くぜ》広宣、大久保忠勝、大久保康忠、阿部忠政らが日慶上人に帰依して創立された寺院です。元は浜松にありましたが、家康の江戸入城に際して江戸城清水御門内へ移転されたことが寺記より知られます。その後市内を転々し、一時小石川（現在の後楽園）に移転していますが、寛永十三年（一六三六）の出火により全焼しています。その後、久世広之の尽力により本郷丸山（文京区本郷）に替え地をもらい、本堂、千仏堂、客殿、書院、庫裡、鐘楼、山門などを備え、塔頭七院を有した（円立院、立正院、妙雲院、本蔵院、本行院、東立院、本立院）壮大なる伽藍でした。しかし、丸山に移った直後の「明暦の大火」によって再び伽藍が烏有《うゆう》に帰してしまいました。現在は巣鴨に再建されていますが、本郷には「本妙寺坂」という地名が今でも遺っています。

当日の午後二時頃に同寺から上がった火の手は、折からの強風に煽られ二日間に渡って燃え続き、江戸城本丸、二の丸をはじめ江戸八百八町全てを焼き尽くしました。当時の資料には、焼死者十万八千人と記されていますから、大規模な火災といえましょう。

出火の原因

本妙寺発行の『本妙寺と明暦の大火（振袖火事）再考』によると、出火の原因として戸畑忠政氏の説があげられ、次の三説があるとしています。

①放火説……由井正雪一派の残党が幕府への報復のため、本妙寺に火を放った。

②本妙寺火元引き受け説……出火は本妙寺ではなく、隣にあった阿部忠秋邸からで、処罰を恐れた忠秋が本妙寺に火元になってもらうよう説得した。

③振り袖伝説……恋煩いで死んだ娘の霊に対し、振り袖を焼いて供養した際、その火の粉が寺に燃え移った。

特に②については、この大火の翌年以降、毎年阿部家より十五俵の米が廻向供養料として本妙寺に奉納され、これは大正十二年九月の関東大震災まで続いたというから驚きです。

この三説の中で主に語られる話は③の振り袖にまつわるものです。それは、明暦元年（一六五五）正月十八日に本妙寺において恋煩いで亡くなった十七歳の娘の葬儀が営まれ、棺桶には、娘が生前愛用した振り袖が掛けられました。この振り袖は縁あって別の娘の手に渡りましたが、この娘も同じ歳で亡くなり、その娘の棺桶にも振り袖が掛けられました。この振り袖には二人の娘の思いが籠っているということで、遺族が参列して燃やしたところ、火が付いた振り袖が強風で舞い上がり、本堂の屋根に燃え移ったのが出火の原因といわれています。

これだけの大火を起こしたということで、火元の本妙寺は処罰されるところですが、一切お咎めなしでした。寺社の失火に対しては幕府の配慮があり、火元となっても罪は七日の謹慎のみであったといいます。将軍御成日の失火や大火となった場合も十日の謹慎で済まされます。寺社門前町の失火では小間十間以上の焼失で三日の押込《おしごめ》（中世から近世の刑罰）となり、軽い処分であったといえます。逆に、その後本妙寺は法華宗七派の触頭となり昇格していきましたから、実に不思議なことです。

江戸火消しと法華信仰

江戸初期に、江戸市域の消防組織はまだ整えられていませんでしたが、度重なる大火などを契機としてようやく火消の制度が設けられるようになりました。火消は、武士によって組織された武家火消と、町人によって組織された町火消に大別されます。町火消しは、享保五年（一七二〇）に享保の改革の一環として制度化されました。この内容は町人の住む町に限ることであり、各町ごとに火消人足の準備と火事の際に出動する義務を課したものです。この法令は町奉行に就任した大岡忠《ただ》

ちょっと寄り道――本妙寺の墓所散策

本妙寺には、次の著名な人物の墓所があります。

本因坊　織田信長・豊臣秀吉・徳川家康の三英傑に仕えた日海上人（本因坊算砂、一五五九―一六二三）を開祖とする家系で、「本因坊」の名は、算砂が住職を務めた寂光寺（京都十六本山・法華宗）の塔頭の一つに由来しています。近世の安井家・井上家・林家と並ぶ囲碁の家元四家の一つで、本因坊は昭和の囲碁の棋戦の一つである本因坊戦に優勝した棋士に贈られるタイトルともなっています。よって、本因坊位獲得者は、本因坊名跡を継承する主旨で「本因坊〇〇」と名乗る慣例があります。

久世家　久世大和守広之は、明暦の大火の処理にあたった人物で、武田氏との戦功によって家康の直参となり、下総・上総国二千五百石の旗本に取り立てられています。後に大名に列して関宿藩主（藩祖）となり、若年寄、老中を歴職しています。よって、本妙寺にたいへんゆかりのある人物です。

遠山の金さん（一七九三―一八五五）　本名は遠山左衛門尉景元（通称・金四郎）。江戸町奉行。吉宗の時代の大岡忠相（越前）と並び称される名奉行といわれ、遠山は天保の改革を行った老中・水野忠邦に近い人物として重用されました。晩年は帰雲という号で俳句を書いて悠々自適の余生を送っています。

千葉周作（一七九三―一八五六）　近世の剣術の流派北辰一刀流の創始者で諱は成政。その道場玄武館は幕末三大道場のひとつで、この門下から多数の幕末の著名人を輩出しています。

5-11　纏を振る親子

相《すけ》が考案したもので、複数の町を「組」としてまとめ、隅田川から西地域を担当するいろは組四十八組と、東地域を担当する本所・深川の十六組の計六十四組が設けられました。同十五年（一七三〇）には、火事場への動員数増加と効率化を目的として、数組ずつに分けて統括する大組が設けられています。町火消は当初町人地の消防のみを担当していましたが、町火消が活躍することによって活動範囲が広くなり、武家地への出動をはじめ江戸城内の火事にも出動しています。纏《まとい》持ちは、「芝で生まれて神田で育ち、今じゃ火消の纏持ち」といわれるほど、江戸町人にとって粋であり、たいへん名誉ある仕事でした。

法華信徒がお会式や行事の折に、拍子と合わせて振る纏も火消しの法華信仰と深い関係があります。池上本門寺や身延久遠寺のお会式行事には、全国各地から講中があつまり纏を披露します（図5-11）。

纏は、実際の消火活動において「纏持ち」と呼ばれる火消が持ち、火事場の屋根の上に登り、消火活動の目印として用いられました。鎮火後はその場所に組の名が書かれた「消札」を立て、手柄の証拠としました。よって纏を火事場に立てるのに、口論となることもあったそうです。元来、纏は戦国時代に、戦場で敵味方の目印として用いたもので、的率い・馬印と称していました。目印となる纏には組の名称が書かれ（図5-12）、その下部には細長く垂れ下がった馬簾が四十八本ついています。各組が競って火事場に行き、早く到着した火消しが火が出ている建物の上に纏を立て、火事の場所を他の火消しに知らせました。危険を伴う仕事のため火消しも信仰が篤く、祈願の証しとして纏の図と組名が記された奉納額が飾られる法華寺院も多く存在します。

町火消しは、町奉行の指揮下に頭取《とうどり》・頭《かしら》・纏・梯子《はしご》・鳶《とび》・土手人足で組織されます。火事が起こると、出火場所の風下にある家を人海戦術で迅速に撤去し延焼を防ぎました。そのため、消火作業には多くの人員が必要で、家を壊す作業に慣れた鳶職が重用されました。鳶は日常土木・建設工事に従事し、火災時のみ出動することになるので、遠方での火消し行為はできませんでした。火災の折に打ち鳴らす半鐘は、時代によって板木《ばんぎ》・銅羅《どら》などが使用されています。火事が遠い場合は打つ間隔を開け、二度打ちは大火の恐れがあるということで、近火は「スリバン」といって続けざまに打ち鳴らしました。

現在でも、消防署の消防士だけでなく町の住民が消防士になって地域の火災の折に出動し、消火

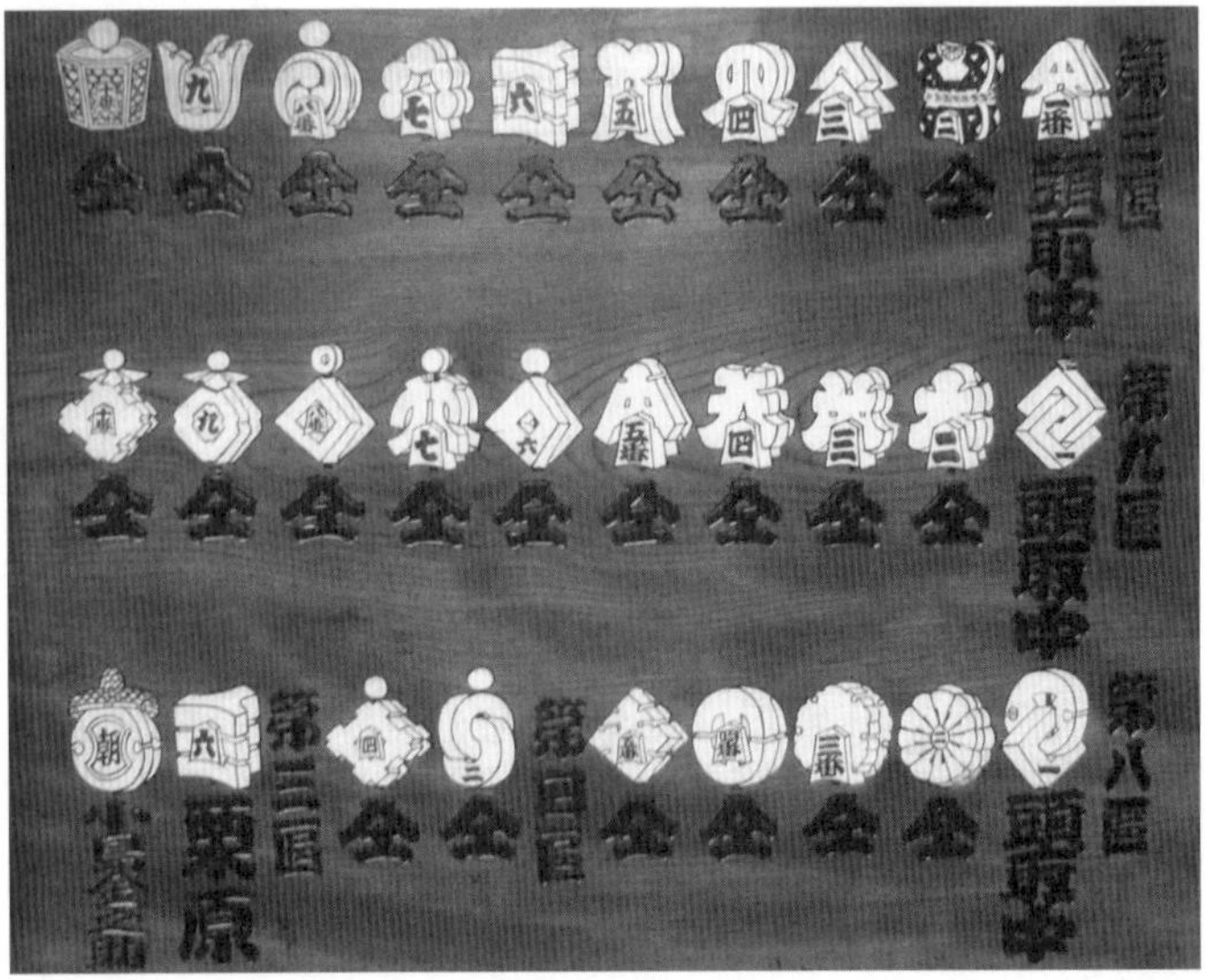

5-12　町組と纏（身延山久遠寺祖師堂大太鼓）

活動を行っています。いわゆる地域における防火活動は町火消が原点で、江戸以来、地域共同体の人々の協力によって火災を防いできた歴史があります。

5　江戸の富士信仰と祖師像

現在日蓮宗車返結社（静岡県裾野市）には、江戸町人が寄進した唐金《からかね》（青銅）の祖師像が安置されています。この尊像はかつて富士山の頂上に祀られていたといわれるもので、縁あって車返祖師堂に遷座されました。

祖師像の由緒

車返結社安置の祖師像（図5-13）は、祖師堂を管理している小林義生氏の話によると、須走の堂宇（日蓮堂と思われる）内に祀られていたものを貰い受けてきたものということです。祖師像を調査すると、像高は四十センチで、その台座に刻まれた銘文には近世に富士山頂上に安置されていたことを示す文字が刻まれています。

この像をここで紹介するのは、江戸町人が寄進したことが明らかになったからです。その経緯をみてみましょう。

全国各地の法華霊場を案内している「法華霊場記」には、富士山が参詣地として紹介されていますので、該当部分をピックアップしてみます。

東海道小田原駅より三里、関本三里、や□□沢三里、竹の下御一宿地一里半、御厨半里、山尻

5-13　車返祖師堂安置の祖師像

合一里、須走祖師堂、但し三島より須走へ九里、沼津より同、甲州勝沼より三里、八代二子沢二里半、黒駒〈御一宿地徳右衛門〉二里、とふのき二里半（中略）川口の坊三里、小立村妙法寺、呉地三十丁　吉田合八丁、左大月道、あらや合二里、山中町二里、須走、須走は富士山の麓也、絶頂迄登り十里、一合目より次第諸尊、勧請八合目宝塔、絶頂祖師堂、玉沢日桓上人が開基である

これによれば、富士山に登詣する折に須走口《すばしりぐち》にある祖師堂を巡拝することが案内され、一合目から八合目の宝塔まで多くの仏像が勧請されています。そして頂上に祖師堂があり、これは玉沢妙法華寺四十一世日桓《にちかん》上人の開基となっていることが記されています。

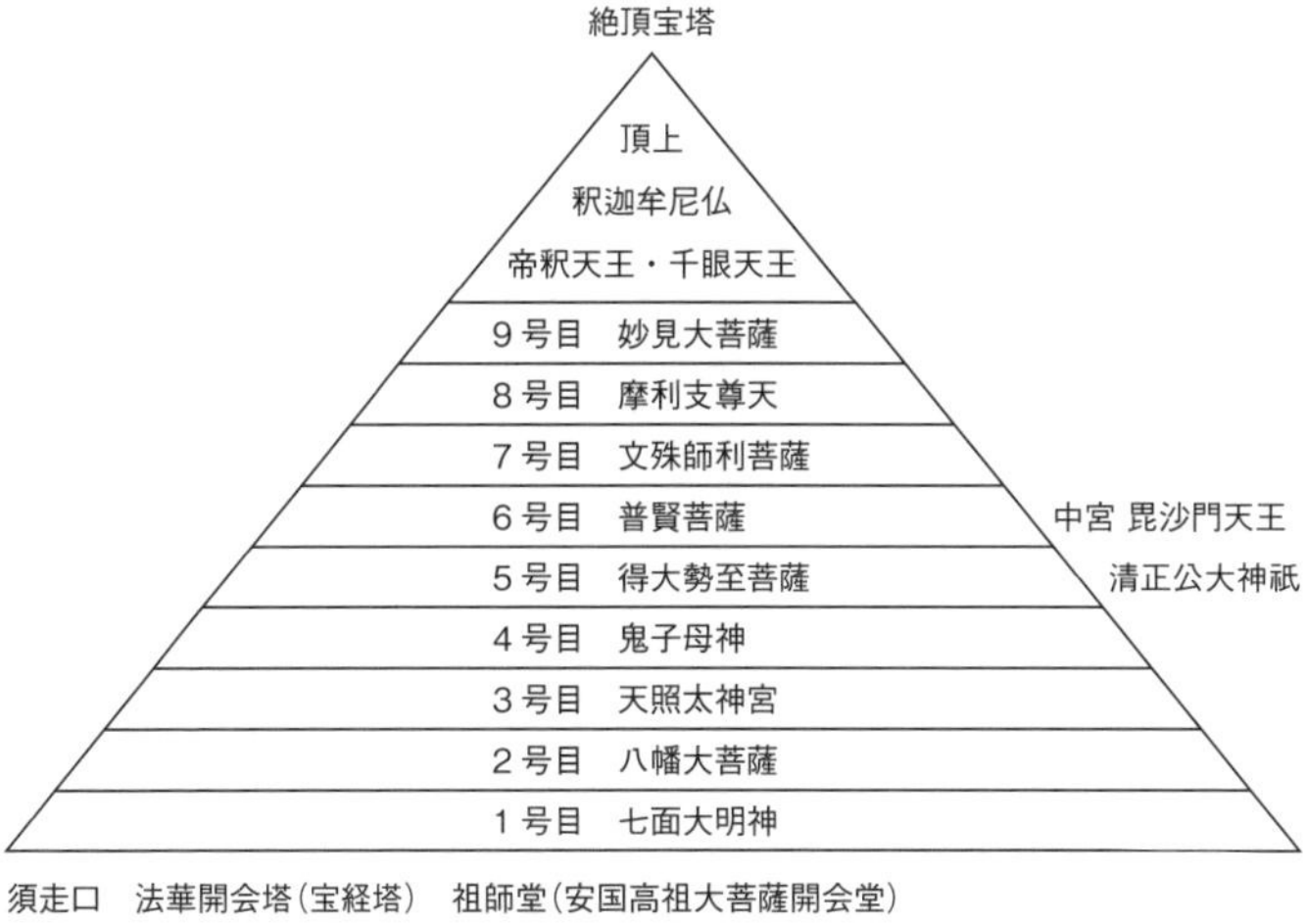

5-14　富士山の勧請諸尊図

富士信仰と祖師像

富士山にはいくつかの登山口がありますが、近世は、富士講の登詣者の影響もあってか北側の吉田口を経て登山する人が多かったようです。そこで、須走口にある浅間神社神主小野大和と玉沢妙法華寺（静岡県三島市）日桓上人とが談合し、須走口から富士山頂上に登詣してもらう趣旨の参詣案内図が作成されました。須走口には法華開会塔（宝経塔）と祖師堂（安国高祖大菩薩開会堂）が建立され、山頂に絶頂宝塔が記されています。途中には図5-14にみられる仏像が勧請され、一合目・七面大明神、二合目・八幡大菩薩、三合目・天照太神宮、四合目・鬼子母神、五合目・得大勢至菩薩、六合目・普賢菩薩、七合目・文殊師利菩薩、八合目・摩利支尊天、九合目・妙見大菩薩、頂上釈迦牟尼・帝釈天王・千眼天王とあり、中宮に毘沙門天王・清正公大神祇が位置づけられています。いわゆる法華経の守護神を巡拝して山頂に辿り着くというものです。富士山が祖師とゆかりのある霊場であることを示して江戸の法華信徒の富士山登詣を誘引し、その前後に本山妙法華寺に参詣してもらう、という意図のもとに作成されました。

この参詣図は、富士山が中央に画かれ、妙法華寺（日蓮宗本山）がその下に大きく画かれているのが特徴で、身延山も辛うじて小さく富士山の西側に画かれています。この版元は本山妙法華寺末寺の浅草本蔵寺（現・江戸川区北小岩）で、江戸の法華信徒にこの参詣図が頒布されました。このように、富士山に対する信仰と祖師に対する信仰を融合させ、江戸の法華信徒を富士山という法華霊場に誘引しようと企てたことは法華信仰を考える上で注目に値します。

富士山信仰と法華関係資料

富士山と法華信仰のつながりについてみてみると、富士山周辺は祖師が身延入山や下山の折に歩かれた地域であり、祖師と富士山にまつわる伝承が各地に伝わっています。江戸中期の身延山参詣絵図「身延山絵図」にも富士山が画かれています。また、身延山の境外仏堂である七面山頂上から富士山の方角に昇る朝日を遥拝する信仰は、御来光信仰として七面山登詣者の信仰儀礼となっています。特に、春秋彼岸の中日には富士山頂上付近からの日の出が望めることから、七面山信仰と富士山信仰のつながりがいわれています。

富士信仰の対象となる富士山の山頂域は古来から仏教でいう八葉蓮華（仏が坐る八枚の弁をもつ蓮華

座）に喩えられていました。火口は内院と呼ばれ、その外周には剣ケ峰をはじめとして釈迦ケ岳・薬師ケ岳・観音ケ岳・経ケ岳・駒ケ岳・文殊ケ岳の場所があり、これらを富士山八葉と称しています。中でも吉田口の六合目にある「経ケ岳」は祖師ゆかりの霊場で、文永六年（一二六九）に『法華経』を埋納した地と伝えられる霊地です。ここに経筒が埋納された時代や経緯は明らかになっていませんが、書写の形式などから平安時代末期に書かれた可能性もあるといいます。

富士山周辺には富士山にまつわる伝承を伝える日蓮宗寺院が存在します。富士宮大泉寺（静岡県富士宮市）は富士山とたいへん深いつながりがあって、かつて富士山登山道村山口の五合五尺のところに高祖堂、一合目付近には女人堂という二つの堂宇があったことを同寺縁起が記しています。

祖師像の銘文

図5-15・16は、富士山にまつわる参詣絵図ですが、これをみると、吉田須走拝所の部分に「法華塔」の存在が確認できます。富士山麓にある車返《くるまがえし》霊場は、祖師が鎌倉から身延山に入山する途中に一泊したと伝えられる霊場（日蓮宗の宗門史跡車返結社）です。この霊場の祖師堂に安置される祖師像はブロンズ製で、その台座に刻まれた銘文を紹介すると、

奉納
富士山頂上安置日蓮大菩薩
永代頂上地所料　金三拾両

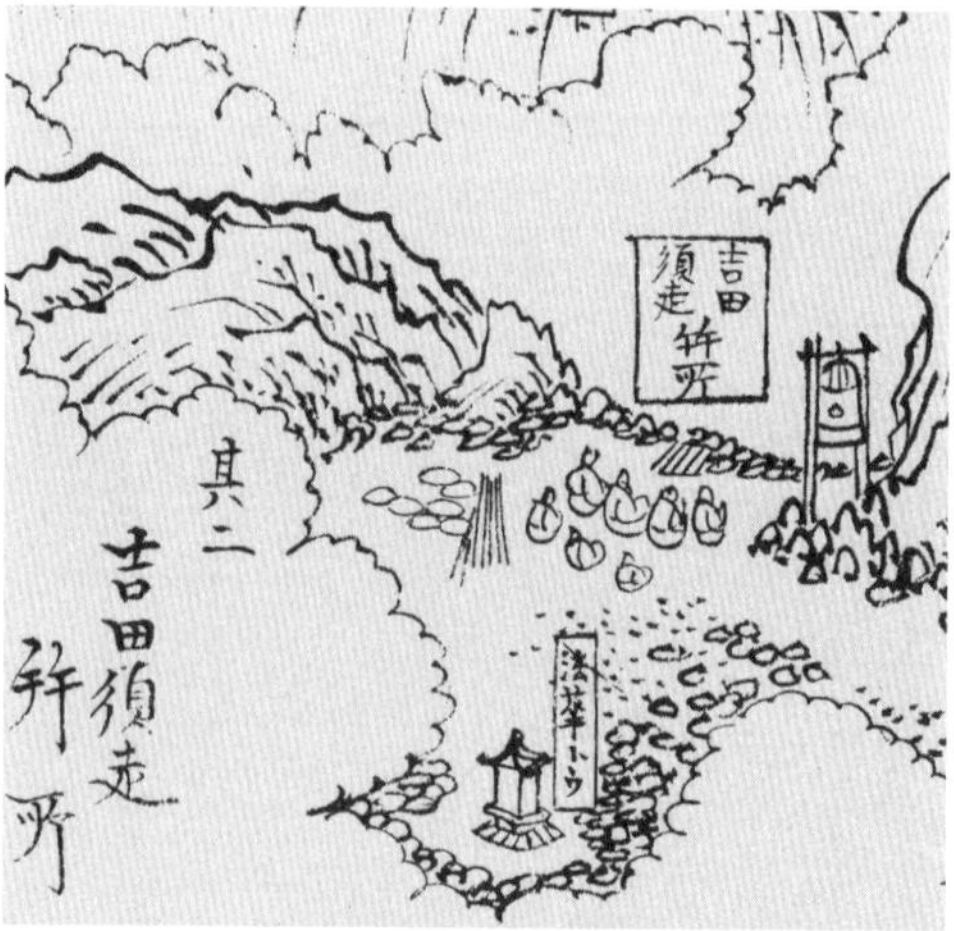

5-15　法華塔（『富士山真景之図』）

右者大宮浅間社務令奉納者也
維時天保十有二辛丑年夏六月吉辰日
発願主　小野大和
本願主　江戸伝馬町講中
世話人　同九箇所講中

とあることから、この像が富士山に祀られていた仏像ということがわかります。

ところで、須走村と富士山の関係をみると、富士山頂上付近の権利をめぐって、須走村は再び富士浅間神社本宮と争論することになりました。安永八年（一七七九）に裁決が下され、富士山八合目より上は富士浅間神社本宮持ちとすることなどが決められました。

車返祖師像台座正面には、「江戸」と鋳造されており、台座に年号・寄進者・建立意図などが記されています。台座右側面には、「駿州須走東口神主　発願主　小野大和　同妻きく女」と発願主である須走浅間神社神主小野大和の名が記され、「江戸伝馬町講中　本願主森田源右衛門、牧野清右衛門、伊沢平治郎、山口十郎兵衛、高橋卯兵衛、熱田金兵衛、安藤治右衛門、中川加兵衛、沙門善勇」の九名と「世話人細屋宇兵衛、塗師与四郎、東向庵安兵衛、大和田兼吉、両角定治郎、金見吉五郎、亀田屋直吉、小野吉五郎」の八名が記され、須走口浅間神社神主・小野大和と江戸伝馬町講中をはじめとする全部で九カ所に及ぶ江戸講中が本願主となって造立された経緯を知ることができます。台座左側面には「奉納　富士山頂上安置　日蓮大菩薩」と記されており、この銘文が富士山頂上に安置されていた祖師像である裏付けとなります。造立年は、江戸後期の天保十二年（一八四二）六月吉辰日で、江戸講中が祖師ゆかりの霊場として富士山に登詣し、山頂に祀られる祖師像を礼拝したようです。

5-16　日蓮堂（『富士山真景之図』）

　このように、富士山の登詣口には祖師堂が建立され、堂内には祖師像が祀られていたことは注目されます。富士山は、祖師にまつわる霊場として江戸の法華信徒に次第に知られるようになり、江戸の題目講中は挙《こぞ》って富士山に登詣したわけです。身延山巡拝においても富士山は巡拝霊場

5-17　車返祖師堂

として位置づけられるようになっていきました。江戸後期に至ると江戸の富士信仰と祖師信仰が融合し、富士山を祖師の巡拝霊場として取り込んだ新たな巡拝案内記が作成されたと考えられます。

本節で紹介した車返祖師堂（図5-17）安置の祖師像は、江戸町人の篤い法華信仰を物語る貴重な資料です。また、富士山の歴史と文化に新たな頁を刻む資料（彫刻）であり、平成二十五年に富士山がユネスコの世界文化遺産に登録されたことから注目すべき仏像といえましょう。

6　江戸と杉田妙法寺

観梅の名所

横浜の杉田というと梅林が有名ですが、これは地質が悪く農作物収穫ができないため、小田原北条氏家臣の間宮信繁《のぶしげ》が植えさせたのに始まるといいます。元禄年間には三万六千本の梅樹となり、江戸時代には江戸からの観梅道が江戸―保土ケ谷宿―井戸ケ谷―弘明寺―笹下―森栗木―杉田の道筋でき、多くの観梅客で賑わいました。横浜開港後は横浜から磯子経由の真坂道もでき、江戸や横浜（八幡橋・滝頭）から乗合船で杉田の聖天橋の船着場へ渡る海路も開発されました。杉田は、東海道から金沢方面に出る分岐点に位置しているため、江戸近郊の観梅の名所として賑わいをみせました。

妙法寺の由緒（図5―18）

妙法寺（横浜市磯子区）は、弘法大師巡錫の折に日本武尊《やまとたけるのみこと》の霊跡として山頂に京都八坂祇園社より牛頭《ごず》天王《てんのう》を勧請しています。最初真言宗の牛頭山自下寺として開かれましたが、南北朝期の文和元年（一三五二）に時の領主荒井因幡守光善（二世妙法院日荷《にちか》上人）が中山法華経寺（千葉県市川市）三世

5-18　杉田妙法寺本堂

日祐上人に帰依することにより日蓮宗に改宗されました。

境内の榧《かや》は、日荷上人が身延久遠寺の仁王尊を奉安し、その折に持ち帰った苗を植樹されたと伝えられている大木です。現在の久遠寺三門に安置される仁王像は、日荷上人の奉納した仁王像と伝えられています。日荷上人は、祖師の御廟がある身延山に信仰の念を寄せたのでしょうか。現在も身延山三門では大きな仁王像が久遠寺を守護し、遠近から登詣する参詣者の道中安全を祈っています（図５-19）。仁王像には登詣者から草鞋や杓文字が奉納され、魔を召し捕る（飯取る）守護神として崇拝されています。

仁王像の伝承

仁王像に伝わる民話として、妙法寺の妙法

坊（後の日荷上人）という僧侶が金沢称名寺《しょうみょうじ》（横浜市金沢区）の僧侶と囲碁の勝負を行って勝ち、称名寺の仁王像を貰い請けたといいます。妙法坊は力持ちで、その仁王像二体を背負って一日で甲斐国の身延山久遠寺に運びました。いくら力持ちとはいえ、重い仁王像を背負って歩くのはたいへんなことで、途中榧の実を拾って食べて無事運べたようです。よって、日荷上人は、足を守る守護神として現在も信仰されています。

5-19　身延山三門の仁王像

妙法坊は身延山の帰り道に榧の苗を持って帰り、一本を六浦上行寺（横浜市金沢区）に、一本を自宅へ、一本を妙法寺に植えたといいます。妙法寺の榧の木は、樹齢六百年を経た霊木ということになります。

日荷という日号も、重い荷物を背負って運んだことから荷という字が与えられ、これは身延山の僧侶が命名したということです。

第六章　江戸の巡拝信仰

1　法華信徒と巡拝信仰

仏教における巡拝は、仏教寺院を巡拝し祈りを捧げていくもので、法華の巡拝をみると日蓮宗独特の巡拝形態が存在します。これには、

① 参詣目的地があって、その途中にある寺院に寄るもの
② まとまった地域内にある寺院を順番に参詣するもの
③ ①と②を併せ持ったもの

の三つの形態があります。①の例として、身延山という参詣目的地があり、その往来の道筋に存在する寺院を巡拝する形態のものがあります。②の例として、鎌倉といった地域の本山や由緒ある寺院のみを巡拝する形態のものがあり、市内の妙本寺・本覚寺・安国論寺（以上、鎌倉市）などを参詣します。③の例として、九月十二日の龍口《りゅうこう》法難会の折に、鎌倉市内の霊場の祖師霊場を巡り、それから牡丹餅供養の常栄寺（鎌倉市大町）といった祖師の霊場を巡拝して龍《たつ》ノ口の刑場がある片瀬龍口

寺（藤沢市片瀬）までの道程を歩く形態です。

法華信徒の巡拝形態

法華信徒の巡拝形態の多くは日蓮宗寺院のみを参拝するといった純粋な信仰を持つもので、この信仰形態が法華の巡拝の特徴といえます。そこで、巡拝者は題目信仰を持つ信徒に限られます。つまり、他宗の信仰を持つ人は基本的に同行者として一緒に巡拝できず、参拝する寺院は法華の寺院に限られていました。この純粋な法華信仰を持つ人々のことを堅法華《かたぼっけ》と呼んでいますが、修行者は白行衣・数珠・手甲・脚絆という出で立ちで団扇太鼓を叩いて霊跡寺院を巡ります。法華寺院側は、巡拝者が所持する「御首題帳」に「南無妙法蓮華経」の題目を揮毫し、山内に祀られる守護神、祈願文、山号・寺院名・参拝年月日などを記します。この他に「御集印帳」という霊場巡りの帳面（帖）がありますが、これは宗派を問わず各宗派の寺院が混ざって記帳されているものです。よって、題目のみが記された帖や冊子は「御首題帳」と名付けられ、区別されています。

巡拝信仰

一般的に巡拝といえば、四国八十八箇所霊場巡り、坂東三十三箇所観音霊場巡りといった真言宗をはじめとする他宗の巡礼が有名です。巡礼というのは途中の霊場に納経札を納めるもので、巡拝は祖師や宗派ゆかりの霊場を順番に巡って礼拝します。法華の巡拝は基本的には納札を行わず、修行の証しとしてそれぞれの寺院で御首題帳に題目などを揮毫してもらい、『法華経』の「自我偈」読誦や唱題といった信仰行動をとるのが特徴です。

そこで、代表的な法華霊場の巡拝形態について紹介してみます。

日蓮宗の霊蹟寺院巡拝は祖師ゆかりの霊地や宗門先師ゆかりの地を巡るものが多く、その代表的なものに身延・佐渡・房総・江戸・京都といった巡拝地があります。その中でも、江戸市域の巡拝についてみてみましょう。

江戸市域の巡拝案内記

「東都近郊法華霊場誌」という、天保二年（一八三一）六月に江戸四谷に住む馬場小太郎源正統が記した江戸の法華霊場を巡る資料があります。この序文に、「今まで二つの巡拝記があったが、この書は未だ世に知られておらず、このことが発刊の動機となった」ということが述べられています。この巡拝案内記は、近世後期の天保年間、江戸近郊の法華霊場を廻る巡拝が盛んに行われるようになったことを知る重要な資料といえます。巻末に「江戸法華霊場略絵図　近刻　地理を詳しくして巡拝の有用とす、近郊法華霊場聞知録　近刻　本山安兵衛仏巡拝の地利を詳しくす」と記されているように、絵図や聞知録（案内記）といったものが別に刊行されたようで、これを期にさまざまな江戸巡拝記が刊行されていきました。

「法華霊場誌」冒頭部分の記載をみると、

○芝
金杉三丁目横丁　中山末松流山正伝寺
・毘沙門・日親
（中略）
○深川
身延弘通所
法苑山○浄心寺
・祖師　・鬼子母神
・七面　・妙見
・日朝　▲百石
寺中　（八ケ寺略）
（後略）

と、あるように、地域ごとに、寺院の所在地、山号・寺号・勧請仏などが記されています。
巡拝の方法については、巻末にあるように巡る寺院の順番は決まっていなかったようで、各地域を単位に案内しています。中には巡拝の一例が示されており、谷中↓小石川（妙伝寺・本念寺）↓駒込（大乗寺）、芝（正伝寺）↓深川（浄心寺）↓谷中とあります。江戸市域の記載は詳細で、各寺院の本寺や霊験ある守護神などが記載されており、巡拝の道しるべとなっています。なお、武蔵国所在の寺院は著者が見聞していないので、寺院名が挙げられているだけです。

江戸十大祖師霊場巡拝

一方、江戸時代に十回にわたる身延久遠寺祖師像の江戸出開帳によって、祖師の存在が江戸町中に知られていきました。これにより祖師像を祀る霊場や身延山の守護神七面大明神を祀る霊場が江戸市域の各所に誕生していったわけです。この中でも、祖師霊場の主なものに江戸十大祖師霊場、同八大祖師霊場（江戸近郊）があります。これらは祖師の巡拝霊場として巡拝者が立ち寄りましたので、ここで紹介することにしましょう。

江戸十大祖師霊場は江戸市域内の十カ寺に安置される祖師像で、その多くは谷中、浅草、深川、本所、牛込といった下町地域に衆中しています。法華信徒は、これらの寺院を巡拝し、除厄・開運・病気平癒などの祈りを捧げました。

①深川浄心寺（江東区平野）身延山久遠寺と同木・厄除祖師。戦災を免れた宝暦二年（一七五二）の像。
②本所法恩寺（墨田区太平）中老僧日法上人作祖師像。
③松が谷本覚寺（台東区松が谷）日限の祖師。日を限って参拝し、祈願するとご利益がある像。
④土富店長遠寺（台東区元浅草）宗祖自開眼・開運の祖師。祖師が伊豆に滞在している折に、訪ねてきた普門禅師のために自らの肖像を開眼し、開運の妙符として授けた像。
⑤池妙音寺（台東区松が谷）火中出現の祖師。読経の祖師像ともいう。

⑥谷中瑞輪寺（台東区谷中）安産飯匙の祖師。祖師が佐渡から帰ってきた折、お産で苦しんでいる女性に、シャモジに題目を書いて祈禱したところ、安産であったという。
⑦谷中宗延寺（現・杉並区堀ノ内）読経の祖師。ある時、蔵の中からお経が聞こえるので扉を開けてみたらこの像があったという。
⑧谷中宗林寺（台東区谷中）厄除け祖師。俎《まないた》岩に置き去りにされた祖師を助けた船守弥三郎に授与したと伝えられる像。
⑨牛込幸国寺（新宿区原町）厄除け布引の祖師。文永七年（一二七〇）に房総地域で疫病が流行した時、祖師が自らの像を造らせ、白布に題目を記してそれを像の手に巻いて人々に祈らせたと伝えられる像。
⑩浅草幸龍寺（現・世田谷区烏山）日法上人作祖師像。元は浅草田圃《たんぼ》にあった寺院で、中老僧で仏師として名高い日法上人が造立した像。

江戸八大祖師霊場巡拝（図6-1）

江戸十大祖師霊場に続き、次の江戸近郊に位置する八つの寺院に安置する祖師像の巡拝が盛んに行われました。

①雑司ケ谷法明寺（豊島区南池袋）祖師弟子日源上人作祖師像。『立正安国論』を講義する姿の像。
②堀之内妙法寺（杉並区堀ノ内）厄除祖師。祖師四十二歳の厄年に刻まれた像。祖師が伊豆流罪の

6-1　明治15年増補「法華諸国霊場記図絵並定宿附全」

折、弟子日朗上人が鎌倉由比ケ浜で祈りを捧げていると霊木が流れ着き、この木で祖師像を彫刻したと伝えられる像。

③池上本門寺（大田区池上）日法上人作祖師像。祖師七回忌の折に弟子の日浄上人と日持上人が願主となり造立。国の重要文化財に指定され、手に持っている払子《ほっす》は祖師の母の髪の毛といわれる。

④真間弘法寺（市川市真間）日法上人作祖師像。

⑤平賀本土寺（松戸市平賀）日像上人作祖師像。「親子相想の尊像」といわれる。

⑥多古妙光寺（千葉県香取郡多古町）肉髭《にくひげ》の祖師。六老僧日向上人が願主となり、祖師から髭を頂戴して植え付けたと伝えられる像。

⑦比企谷妙本寺（鎌倉市大町）寿像の祖師像。祖師在世中に造立された像であるところからこの名がある。

⑧片瀬龍口寺（藤沢市片瀬）日法上人作祖師像。祖師が処刑の時に坐った石の上に建立された「敷《しき》皮堂《がわどう》」に安置されていたと伝えられる像。

これらの祖師にまつわる霊場が、江戸市域や江戸近郊に存在し、厄除けの祖師や安産の祖師といった現世利益の祈りを受けとめる祖師像として宣伝されていったわけです。江戸町人はそれぞれの寺院で祖師の霊性に触れ、巡拝しながら現世利益の祈りを捧げました。

これらの祖師霊場以外にも、祖師との関わりにおいて霊場化された寺院がいくつかあるので紹介してみます。

江戸の法華霊場巡拝

江戸近郊となりますが、祖師御入滅の霊場・大坊本行寺（大田区池上）、池上宗仲の館・本門寺（同）を巡るものがあります。十月十三日の祖師の命日には報恩法要が修され、前日の十二日には逮夜《たいや》として、夜通しで日蓮聖人の生涯を交代で話す通夜説教や万灯の練り供養がなされます。

柴又にある帝釈天（葛飾区題経寺安置）も江戸庶民の巡拝対象となっており、守護神の霊場でありながら祖師とのつながりも深く、祖師が刻んだと伝えられる帝釈天の板本尊（図6-2）があります。この本尊は、近世の中頃に一時所在不明になっていましたが、九世日敬上人代に本堂を修理した折に棟の上から発見されました。ちょうどその時が安永八年（一七七九）春、庚申の日であったということから、庚申待ちの民間信仰と結びついて「宵庚申《よいこうしん》」の参拝が行われました。江戸の中心部か

ら凡そ三里（約十二キロ）の道程があり、参詣する風俗は江戸庶民に広く知られていました。よって
現在も庚申の日を縁日とし、多くの人々が参詣します。

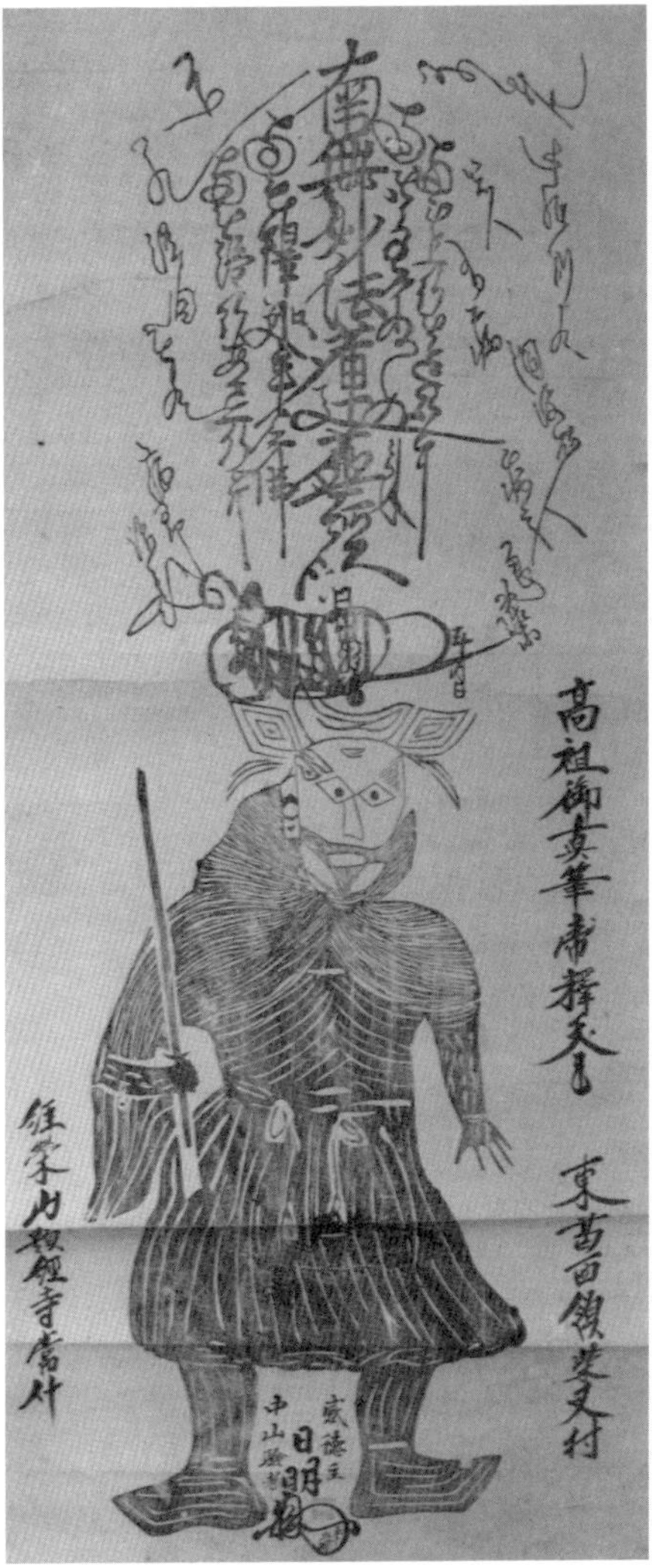

6-2　帝釈天本尊（木版刷）

2　江戸町人の巡拝形態

江戸市域内や近郊の巡拝以外にも、法華信仰の盛んな地域の寺院を巡拝する例があるので、その代表的なものを紹介してみます。

(1) 身延山巡拝

身延山内の御廟所・本院から奥の院・七面山を巡拝する形態のものです。身延山の霊域は、総門域・三門域・本堂域・御廟所域・東谷域・西谷域・上の山域・奥の院域・七面山域の九域に区分され、それぞれの霊場を参詣道が結んでいます。近世の江戸からの登詣者は、少なくとも往復一週間以上かけて身延山に参詣しています。さらに、奥の院・七面山を廻ると、身延山内だけで少なくとも三日を要しますので、庶民が巡拝することは日程や金銭面でたいへんなことだったと考えられます。

(2) 佐渡霊蹟巡拝——根本寺、妙照寺他

文永八年（一二七一）九月十二日、龍ノ口刑場で処刑されるはずであった祖師は、この法難を免れ、佐渡流罪となります。そこで一時期、相模国依知の本間重連《しげつら》の館に預けられます。

佐渡に渡ると松ケ崎に漂着し、塚原三昧堂と呼ばれる一間四面の小堂に身を寄せることになり、時期的にも厳寒な島での生活を余儀なくされました。この地で『開目抄』を著し、後に根本寺（新潟県佐渡市）が建立されています。この後祖師は、国中平野を西に進んだ一の谷という場所に移され、『観心本尊抄』を著します。この地に妙照寺（同）が建立され、祖師ゆかりの寺院として法華信徒が巡拝するようになります。他にも阿仏坊ゆかりの寺院として妙宣寺（同）があり、五重塔がある寺院として一般の観光客も立ち寄ります。さらに島内には祖師や弟子たちゆかりの寺院が多く存在し、佐渡は江戸時代には法華信徒の巡拝地として重要な位置を占めていきます。

（3）房総霊蹟巡拝――誕生寺、清澄寺他

房総半島は、祖師誕生の地であるところから、法華信徒にとって大事な巡拝地といえます。誕生の地にできた誕生寺（千葉県鴨川市）、出家得度の寺院である清澄寺（同）、小松原法難の地である鏡忍寺（同）等があります。

誕生寺のそばには、両親閣妙蓮寺（同）という祖師の父・妙日尊儀、母・妙蓮尊儀を祀った寺院があります。これらの寺院は房総半島南部に位置していますが江戸から比較的近かったこともあり、法華信徒はこぞって巡拝しました。清澄寺は昭和に入って日蓮宗に改宗された寺院で、最初は天台宗で円仁が開いたと伝えられる山林修行の寺院でした。その後江戸時代に入ると真言宗に改宗し、本尊は密教の仏像とされる虚空蔵菩薩となりました。毎年四月二十八日に立教開宗会を行い、当日

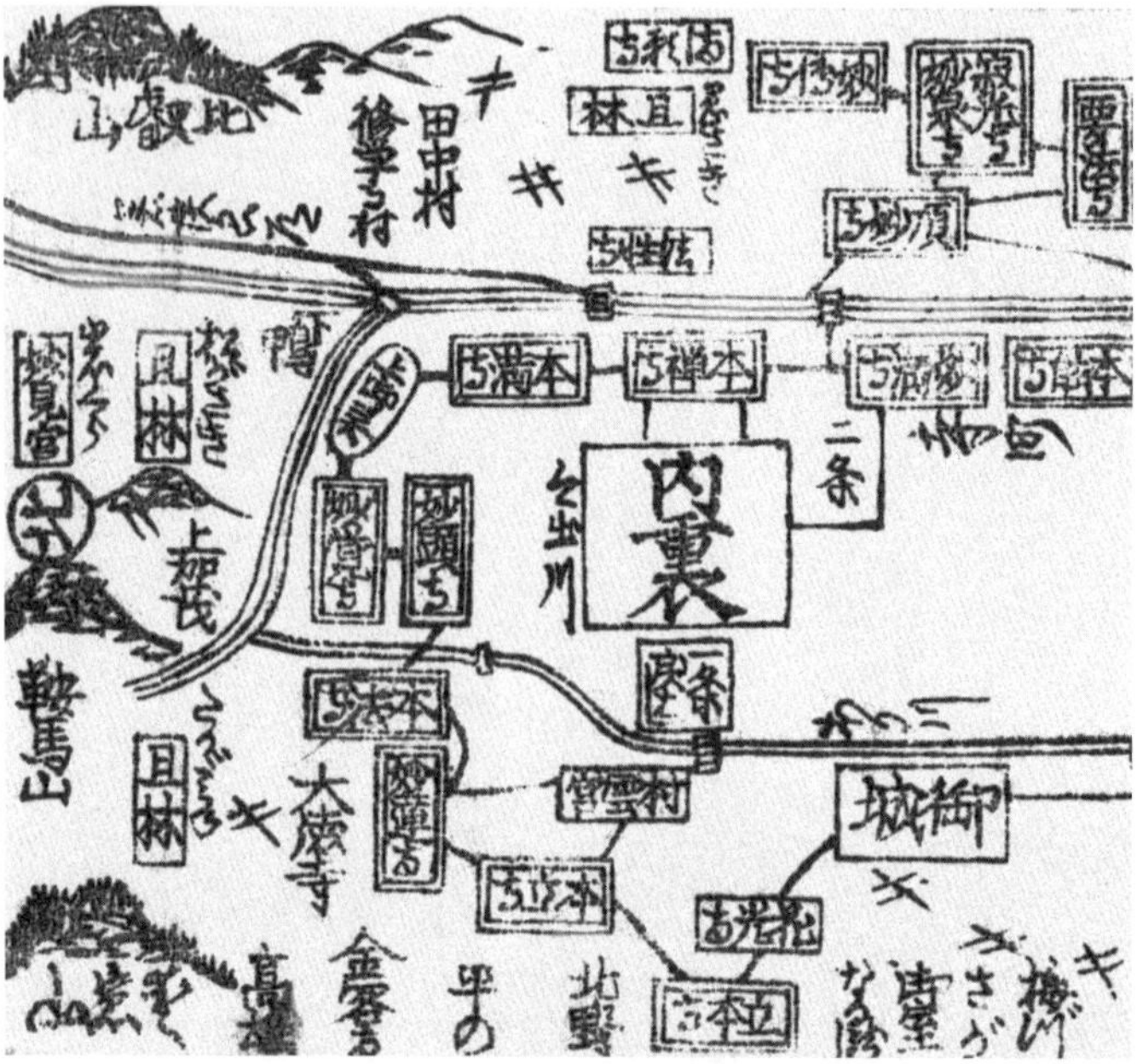

6-3　法華霊場記（京都部分）

境内は法華信徒で賑わいをみせます。

（4）京都霊蹟巡拝

――二十一箇本山巡り（図6-3）

京都市内にある二十一の本山は、妙顕寺・妙満寺・本国寺（後の本圀寺）・妙覚寺・立本寺・頂妙寺・本法寺・妙伝寺・学養寺・弘経寺・上行院・住本寺・寂光寺・本禅寺・妙蓮寺・本能寺・妙泉寺・宝国寺・本覚寺・本隆寺・大妙寺で、これら京都市内にある法華寺院を巡ります。

室町時代には、市内に住む町衆の帰依を得て、各所に僧坊や弘通所が設けられました。当時の公家の日記に、「天文元年頃京都日蓮宗繁盛して、毎月二箇寺三箇寺宛寺院出来し、京中大方題目の巷《ちまた》となり」（『昔日北華録』）と記されるほど、市内は法華信徒で溢れていました。

この二十一本山は、天文法難の災禍によって失われ、仏像や寺宝などは一時堺（大阪府堺市）に避難しました。その後天文十一年（一五四二）に再建された本山の数は二十一から十六カ寺に減少しました。この十六本山は結束し、諸事を運営していこうという気質が高まり、「京都十六本山」として再編成されました。昭和に入って本山頂妙寺の宝蔵から「京都十六本山会合書類」という資料群が発見されました。これは秀吉が建立した市内方広寺で催される大仏千僧供養に、出仕するか否かの話し合いや十六本山の会議内容が記録された貴重な歴史資料です。

なお、これらの本山は、現在日蓮宗八カ寺、法華宗七カ寺が存在し、一カ寺は再興されていません。日蓮宗内では京都八本山巡りを行い、新たな巡拝霊場として宣伝しています。

近年、京都の主たる法華寺院は、京都日蓮聖人門下連合会を結成し、一丸となってお会式や夏季講習会といったさまざまな伝道活動を行っています。

(5) 大村八カ寺巡拝

大村氏の支配する九州の大村藩内四十八カ寺が日蓮宗に改宗したのは、戦国時代にこの地を支配した大村純忠《すみただ》の時でした。純忠は、有名なキリシタン大名で、領内の寺院をすべて潰して家臣も改宗させるほど熱心なキリスト教信者でした。江戸時代に入って家督を嗣いだ喜前《よしはる》は、法華に帰依し、市内に本経寺（長崎県大村市）を建立し、熊本本妙寺から日真上人を招いて開山としました。この改宗には加藤清正が深く関わっており、喜前に改宗を勧めたといいます。したがって、大村地域には清正公を祀る寺院が多いわけです。

清正公信仰の中心寺院は熊本本妙寺（熊本県熊本市）です。清正というと、蛇の目の紋をつけた長い烏帽子をかぶり、長い槍を持っている姿が目に浮かびますが、これは木版刷御影として大量に頒布されました。一方、文禄・慶長の役で、勇敢に虎と戦う姿が画かれているものもあります。清正は、慶長十六年（一六一一）六月二十四日に熊本城で亡くなりましたが、間もなく「清正公大神祇」として神格化されました。現在も「清正公さん参り」として、本妙寺内に祀られる清正公の御廟を参拝する人が後を絶ちません。

⑹　富士五山巡拝

北山本門寺、上野大石寺、下条妙蓮寺、西山本門寺、小泉久遠寺（以上、静岡県富士宮市）があり、いずれも六老僧日興《にっこう》上人にまつわる寺院です。江戸後期の諸地誌類には、この五本山を「富士五ヶ寺」「富士郡法華五ヶ寺」と案内しています。これに柳瀬実成寺（静岡県伊豆市）、保田妙本寺（千葉県安房郡鋸南町）、京都要法寺（京都市左京区）を加えて富士門流の「八カ本山」と称され、特に富士門流の寺院に属する信徒はこれらの寺院を巡拝します。

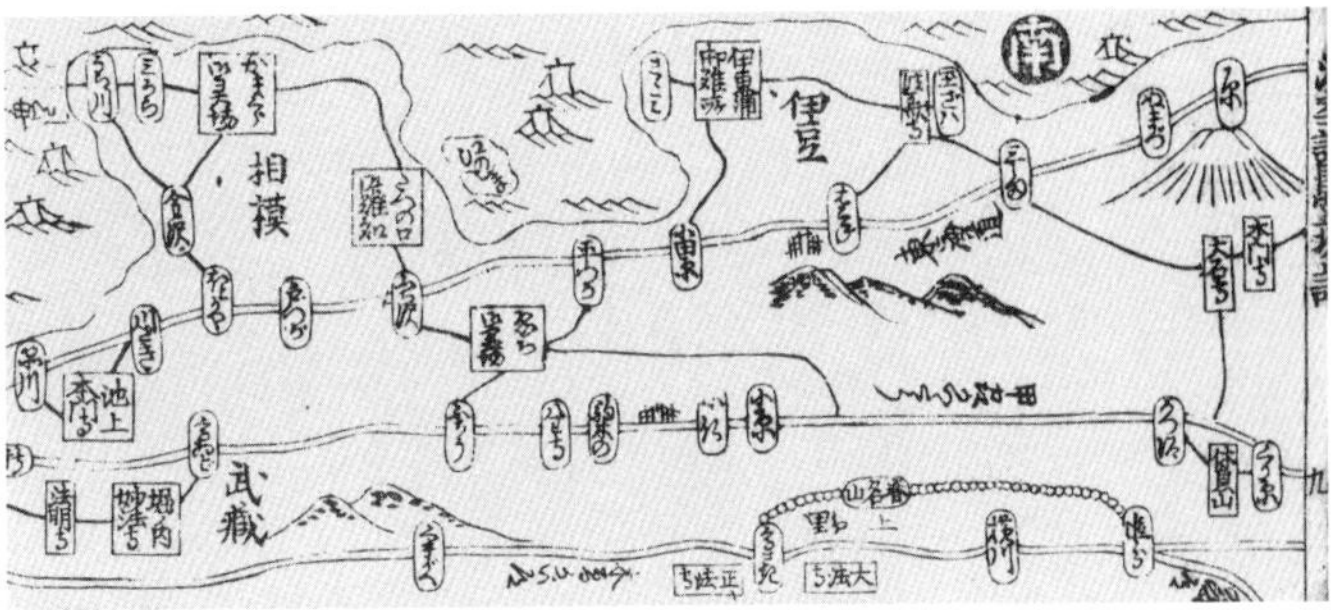

6-4　（参考）法華霊場記（江戸部分）

（7）日持上人霊跡巡拝

北海道や青森地域には、六老僧の日持上人ゆかりの寺院が多くあります。青森県の法峠寺（黒石市）、蓮華寺（青森市）、北海道の函館実行寺（函館市）、椴法華《とどほっけ》妙顕寺（同）、石崎妙応寺（同）、松前法華寺（松前郡松前町）、いずれも日持上人が大陸渡航の折に立ち寄った場所に小堂が建立され、寺院へと発展していったものです。樺太にも日持上人にまつわる寺院があったと伝えられ、大陸へ布教に向かった足跡が遺されています。

これらの霊場巡りには、江戸における祖師信仰・守護神信仰の高揚や祖師伝の出版が影響しています。

谷中・山の手の七福神巡り

他にも、宗派を問わない巡拝として江戸の七福神巡りがあげられます。その中でも次の二つが有名です。

谷中七福神巡り　①東覚寺（福禄寿）→②青雲寺（恵比寿）→③修性院（布袋尊）→④天王寺（毘沙門天）→⑤長安寺（寿老人）→⑥護国院（大黒天）→⑦弁天堂（弁財天）

6-5　深川七福神巡り（大黒天）

山の手七福神巡り　①恵比寿神（稲荷鬼王神社）→②布袋和尚（太宗寺）→③寿老人（大久保法善寺）→④福禄寿（永福寺）→⑤弁財天（厳嶋神社）→⑥大黒天（日暮里経王寺）→⑦毘沙門天（神楽坂善国寺）

山の手七福神は主に新宿区内に存在し、寺院が五カ寺、神社が二社となっていますが、寺院の内、法善寺、経王寺、善国寺の三カ寺は日蓮宗寺院となっています。他にも江戸には深川七福神（図6-5）、下谷七福神といった福神巡りがあり、日蓮宗寺院が存在します。

本節では、全国的にみられる巡拝の姿を追ってみましたので、江戸の法華信徒の信仰行動については深く記しませんでした。しかしながら、こうしたさまざまな巡拝を盛んに行った人々の中には、江戸に住む法華信徒が多くみられることを付記しておきます。

3　江戸と身延山を結ぶ資料①――身延山妙石坊

身延山久遠寺には日蓮宗の総本山として全国各地から信徒が訪れますが、江戸の法華信徒も身延山に度々《たびたび》登詣しています。身延山内には、現在も江戸の信徒からの寄進物が各所に遺されています。その中で江戸関係の資料を豊富に所蔵する田代妙石坊（山梨県身延町）には、江戸町人が奉納した石碑や梵鐘・仏像・仏具・棟札などが存在します。妙石坊内に遺された江戸の法華信仰を知ることができる資料をいくつか紹介してみましょう。

金石文にみられる江戸講中

身延山内の祖師御廟所裏手に位置する妙石坊は身延山支院に属していますが、身延山の総鎮守七面大明神を祀る七面山の参詣道入口付近に位置しているため、境内には豊富な江戸講中関係資料が伝えられています。

祖師堂前にある高座石は、祖師の教化により龍女が成仏した話が伝えられる場所です。歴史上には田代高座石として登場し、宝永三年（一七〇六）に祖師堂が江戸講中により建立されました。祖師堂内の宮殿は元久遠寺祖師堂にあったものですが、「日亨代宝永五戊子年宮殿改造の後、古宮殿を此の堂に移す。江戸講中より金子十両出して古宮殿施主と成」とあるように、宝永五年（一七〇八）

6-6　唐銅祖師像

江戸講中の丹誠により妙石坊に移築されたことが知られます。

　堂内の唐銅祖師像（図6-6）については、「身延山諸堂記」に「金像の祖師は、初は奥の院に安置す、後にこの堂に移す」とあるように、久遠寺奥院祖師堂から遷座されたものです。祖師像背面の銅板に「南無妙法蓮華経　賜紫沙門身延山三十一世日脱（花押）」と刻まれていることから、久遠寺三十一世日脱上人の時代に開眼された祖師像であることがわかります。台座には「元禄十丁丑七月廿八日　江戸浅草果中町　天下太平・国家安全（鋳刻）」とあり、元禄十年（一六九七）七月二十八日付で四面にわたり多くの江戸に住む寄進者名が刻まれています。

　境内の高座石前に建立されている石灯籠にも「施主東都本郷釜助町　富崎彦兵衛妻　真女　元禄十四辛巳年（鋳刻）」「南無妙法蓮華経、奉納唐金銅灯籠一基、武江浅草玉泉寺下本願主勤修院自覚日了、身延山高座石祖師大菩薩御宝前、同神田鍛治町鋳物師奥田出羽大塚長広作」とあるように、本郷に住む富崎彦兵衛妻・真女の寄進であり、他の一基は神田に住む鋳物師大塚長広の名前が記されています。このことからも、妙石坊や奥の院（身延山）という霊場が江戸の法華信徒からの寄進によって支えられていたことがわかります。江戸の講中は、全国各地に住む信者の先頭に立って身延山諸堂宇の再興を進めていったわけです。

妙法二神

時代は下りますが、文久二年（一八六二）祖師堂再建の棟札をみると、

妙法両大善神を安置、維時文久二年閏八月十五日図し奉る高祖大菩薩、当山初転法輪之旧跡、妙石庵今般坊号を授与し、西谷塔中妙石坊二十一世、坊号初代順徳日光、二十二世貞順日厳者也

とあり、二十一世日光上人代に妙石坊と呼ばれるようになりました。その後も、「身延山諸堂記」には、

別当妙石坊は当山三十二世日省上人代、開基学禅院日逢聖人四世法蓮が建立する。坊が破壊した故、天明元丑歳当山四十七世日豊上人の棟札に十一世了有日妙代に再建され、この坊が朽ちた故に、文久三癸亥歳之秋、当山奥院祖師江戸深川浄寺における開帳の折に妙法二神を添えて開扉を願い、一銭半紙を集めて、今般再建を企る

とあるように、文久三年（一八六三）奥院祖師の江戸出開帳の折に、妙法二神（妙太郎・法次郎）が開

6-7　（参考）妙法大善神像

帳され、江戸の人々に礼拝されています。堂宇は、「同年（文久三年）十二月十八日釿初、同四年元治改元甲子三月廿一日柱立、同六月廿八日葺上入仏供養周備せしめ了」と再建されていきましたが、その折に、

再建施入江戸深川浄心寺境内妙法二神添開帳の折、参詣の面々、江戸信者中浅草二神講中、本石町妙法講中、当国信者中、発起世話人江戸浅草魚吉堺屋古藤源次郎・同所笹ノ雪山形屋荒井喜三郎・同本船町和泉屋伊兵衛・当国世話人西郡田島村望月三右衛門・河内井出村佐野藤左衛門、村々世話人中当所世話人上町遠藤佐左衛門・上町池上友兵衛（後略）

とあるように妙法二神という守護神が堂宇再建の一環として出開帳され、この折に浅草二神講中、本石町妙法講中といった名称の妙法二神にゆかりのある講中が深川浄心寺に参詣しています。つまり浄心寺が江戸における身延山守護神の礼拝所となっており、近世を通じて身延山の出開帳の宿寺としての役割を果たしていました。こうした江戸講中と身延山との関わりは、久遠寺堂宇再建の目

的をもった出開帳儀礼の折に頻繁にみられました。
妙石坊の守護神である妙法二神に関しては、「身延山諸堂記」に、「妙法社再建立、弘化三丙午十月吉辰上棟成就攸、三間ニ二間半（中略）立像の祖師・妙法両大善神の尊像三体、施主江戸池之端蓮寿亭平七」とあるように、弘化三年（一八四六）に再建された妙法堂に祀られており、江戸池之端に住む平七が施主となっています。

妙石坊妙法堂内資料

①神酒瓶子二ツ三方共　施主浅草黒船町魚吉
②常香盤 朱塗施主江戸吉原、施主江戸谷中土方政右衛門
③御籤、同判木、同簞笥二棹引出　施主江戸小網町伊勢屋吉右衛門
④鰐口　元禄六年（一六九三）、江戸新□町伊勢屋八郎兵衛子、施主広田八郎右衛門
⑤妙太郎・法次郎像　江戸時代　施主沢田和助　願主・江戸浅草住人山口千枝　基台願主・江戸下谷池之端新土手蓮寿邸平七
⑥半鐘　安政二年（一八五五）八月、江戸駒込千駄木世話人　松本長吉・鈴木吉兵衛・伏見屋彦兵衛・宮坂鉄五郎・神田鍛治町一丁目中村屋清治

妙石坊に参詣すると、江戸時代から約三百数十年経った現在も大きく変わることなく、江戸町人の信仰の軌跡を辿ることができます。

4　江戸と身延山を結ぶ資料②――身延山内支院

身延山妙石坊には、他にも知ってもらいたい江戸関係資料があるので、紹介してみます。

江戸大火死者精霊碑

江戸で火災があった折に、焼死した人の供養塔が妙石坊内に建立されています。この火事は文政十二年（一八二九）三月二十一日に神田佐久間町尾張屋徳右衛門の所持する小屋から出火し、北西よりの風が激しく吹いたので火は両国付近まで拡がり、被災した町数は約千五百軒という大規模なものでした。この供養塔は火事から五年後の天保五年（一八三四）に建立されたもので、施主は火元に近い神田皆川町に住む槽屋弥五右衛門です。妙石坊は七面山信仰の基点として存在していたので、江戸庶民はここに立ち寄り、罪障消滅と焼死者供養のための石塔を建立したものと思われます。

中谷松井坊坊号石塔（図6-8）

身延山内松井坊（山梨県身延町）にも江戸地震に関わる石塔が存在しています。

嘉永七年（一八五四）十一月四日大地震によって崩壊した石塔を安政三年（一八五六）九月に江戸赤坂講中が施主となって台座ともに新調したもので、江戸講中が関わっていたことが銘文よりわかります。嘉永七年の地震は、翌年の安政南海地震の前兆とされ、被害は関東地方から近畿地方に及んでいます。特に沼津から伊勢湾岸沿いおよび甲府盆地が甚大な被害に遭いました。東海道の海岸寄りの三島宿では宿内が一軒残らず潰れ、沼津宿も潰家が多数あったといいます。吉原宿では泥水が三メートル吹上げたため、富士川渡船は一時運行を停止しています。

6-8　坊号石塔

東谷大乗坊客殿扁額（図6-9）

天保三年（一八三二）四月大安日、江戸駒込に住み、久遠寺の永代常経の本願主となっている高崎屋長右衛門と小網町の出店の長平が施主となって奉納されたものです。高崎屋は、江戸小石川にある酒屋で、嘉永二年（一八四九）七月に身延山の祖師像が江戸出開帳を行った際に身延山に一切経を奉納している篤信者です（五章1参照）。

6-9　大乗坊客殿扁額

身延山諸堂宇と江戸講中

久遠寺堂宇建立の基本資料として、「身延山諸堂記」「身延山再建諸堂記」があります。これらの資料の中には、身延山内各堂宇ごとの建立年代をはじめとして荘厳具・什器・什物の寄進者名まで記されており、堂宇建立に際して関わりのあった人物や大工職まで知ることができます。中には氏名の上部に住所が記されているものがあり、浅草・神田・吉原・日本橋といった地名を冠した講中の名称もみられます。明治二年（一八六九）に再建された折の棟札裏書には、「第六十六世日薪師代に再建立、願主は江戸惣構中、薪師板本尊があり、嘉永六癸丑年三月十一日に柱立、同年十二月再建成就する」とあることから、少なくとも幕末期の弘化～嘉永年間に「施主江戸惣構中」として、先に紹介した江戸の十講中が施主となり、久遠寺の堂宇再建に関与していたことを知ることができます。

身延文庫所蔵の「一切経奉納目録集」六冊をみると、その発起人として「酒家連」の名称がみられます。これは江戸の酒屋の連合で、集団で一切経を奉納しています。これについては第五章1で紹介しましたが、伊勢屋・高崎屋・万屋の三名が発起人となって久遠寺経蔵や唐銅宝塔の建立を進めていました。室町時代に日蓮宗が京都へ進出する際に、京都に住む町衆の帰依を得ましたが、特に日像上人が京都五条西洞院で酒屋を営んでいた柳酒屋仲興という商人の帰依により、教団は発展していきました。江戸において酒屋という職種の人々の帰依を得て教団が発展したことは、何か信仰上の共通点があるように感じます。

5　江戸と身延山を結ぶ資料③——身延山奥の院・七面山

身延山内には、江戸の寄進者がわかる資料が他の霊域にもありますが、ここでは奥の院（山梨県身延町）、七面山（山梨県身延町・早川町）の資料を紹介してみましょう。

奥の院手水盥（図6-10）

参道にある寛政八年（一七九六）に造立された水盥《みずだらい》には、江戸の世話人として高砂町北新道・伊勢屋市左衛門、麻布・本屋太兵衛、中川・源政憲、同・木原喜左衛門氏保、八丁堀・高橋八郎右衛門他の名が刻まれています。彼らは江戸の小網町、元浜町、富沢町といった江戸の神田・日本橋周辺地域に住む人々です。そして、深川、本所、芝、三田、市ケ谷といった周辺地域の人々の名前も登場しています。江戸の芝居町である葺屋町の桐座、堺町の都座からの寄進者も注目されます。桐座では沢村宗十郎、坂東三津五郎、瀬川菊之丞、都座では片岡仁左衛門、中村仲蔵、市川団十郎らの役者名が刻まれています。芝居関係では、狂言作者の松井由輔、神田人形屋吉十郎の名もみられます。「葺屋町講中」「堺町講中」といった講名がみられることから、地域単位の信仰集団が組織され、法華信徒が多く住んでいた町であったことが知られます。堺町と葺屋町は現在の日本橋人形町通り西側にあり、近世には歌舞伎小屋の中村座と市村座があった場所です。また、薩摩浄瑠璃「薩

6-10　奥の院参道の水盤

摩座」や人形芝居「結城座」も行われていた場所で、演劇関係の人たちが法華信仰をもち、祖師や霊場・身延山を信仰していた姿が想像できます。

上の山相輪塔

上の山大光坊付近には、祖師五百遠忌《おんき》の天明元年（一七八一）に造立された相輪塔があり、雑司ヶ谷の題目講中、金子家昌、直徳が永代常経発起人として記されています。いわゆる祖師の遠忌の折に、江戸の法華信徒は信仰の証しとして、報恩塔の建立や祖師報恩の儀礼を行っていたことがわかります。直徳は、江戸の俳人で、雑司ケ谷の郷土誌『若葉の梢』の著者でもあり、日蓮宗本浄寺（東京都豊島区）に葬られています。

仏具・荘厳具の寄進者

次に、七面山に関わる仏具・荘厳具の寄進者をあげてみましょう。

①釈迦堂香炉……天保十四年（一八四三）、願主千住宿小塚原・上総屋専右衛門、隠居茂勢
②鰐口……天明元年（一七八一）江戸柴口源助町　願主　嶋屋市右衛門、菱屋喜之助・太右衛門、参州屋嘉兵衛、菱屋新兵衛、嶋屋佐七
③鰐口……安永九年（一七八〇）　江戸神田久右衛門町、英成
④表参道一丁目丁石……元文三年（一七三八）［　］神田［　］町
⑤九丁目灯籠……江戸蔵前小玉屋妙光、同かま女
⑥四十四丁目灯籠……江戸三拾間堀四丁目・駿河屋甲三郎
⑦三十一丁目灯籠……東都新吉原・大黒屋嘉三良、やす女、まる女、まち女
⑧三十丁目灯籠……江戸新吉原・村田屋伊兵衛、同妻
⑨十八丁目灯籠……江戸銀座役人・池田武左衛門莫勝
⑩十六丁目灯籠……江戸品川浜川町・野口四郎吉姉
⑪十五丁目灯籠……江戸浜丁・松本栄松院

七面山参道の丁石に江戸町人の寄進者名がみられることは、七面山に対する信仰をもっている人がいたことがわかります。他にも七面信仰に関わる資料として、七面山内に安置されていた「七面山懸仏《かけぼとけ》」（図6-11）の銘文を紹介してみます。

（上部）一者不得　作梵天王、二者帝釈、三者魔王、四者転輪聖王、五者仏身、云何女身、速得成仏、若持法華経、其身甚清浄、現世安穏、後生善所（処）、煩悩即菩提、生死即涅槃、南無妙法蓮華経　元禄五壬申七月十六日

（下部）武州　江戸神田　村松七兵衛尉

この銘文によれば、元禄五年（一六九二）七月十六日付で「妙法蓮華経提婆達多品第十二」における龍女成仏部分の経文が刻されており、施主の現世安穏の祈りが込められていることが知られます。下部に記される江戸神田に住む村松七兵衛尉という人物が懸仏の製作または奉納に関わっていたことがわかります。寄進者の詳細については不明ですが、この懸仏の奉納日からして近世中期の江戸市域に七面信仰が浸透していた様子を知ることができます。

6-11　七面大明神懸仏

身延山信仰の形成

霊場身延山に対する信仰は祖師を

礼拝する祖師信仰を基調にしていますが、近世後期の身延山古仏堂祖師と奥の院祖師の江戸出開帳によって、江戸に住む人々に祖師・七面大明神・鬼子母神といった守護神が紹介されました。これにより江戸市域に身延山信仰が浸透し、身延山に登詣する人が増えていきました。江戸町人の信仰の歴史は、身延山内に伝わる梵鐘・灯籠・題目塔・道標・仏具といったものに遺されたわけです。山内支院の中でも妙石坊内の金石文を解読すると、元禄から宝永期に霊性を帯びた仏像が遷座され、祖師信仰の基本となる祖師堂を中心とする堂宇が整えられたといえます。この寄進行為は江戸時代を通じて行われますが、特に幕末期において江戸講中の名称が記されているものを多く確認することができます。つまり元禄期に江戸という当時の首都において定着した身延山信仰が、幕末期に至ると講中組織を単位として身延山に登詣する信仰形態に変わっていきました。これは霊場巡拝という信仰形態で、身延山参詣講が各地で誕生し、講という組織を通じて集団で身延山に登詣していたことが推察できます。さらに身延山祖師像の江戸出開帳の場において、多くの江戸町人の参詣がみられたことは身延山信仰の江戸伝播を知る上で重要なことです。

近世の身延山を支えていたのは江戸町人といっても過言でないくらい、彼らは諸堂宇建立・再建の際に計り知れない寄進行為を行っています。

6　身延山参詣道と江戸の法華信徒

江戸から甲斐国身延山久遠寺に登詣するには、大きく二つの道筋があります。一つは甲州街道廻りで、もう一つは東海道廻りです。この二つのいずれかの道を経由して身延山に入ることになります。

身延山巡拝の道程

江戸からの身延山巡拝の道程は、江戸庶民の娯楽で身延山を巡拝する双六《すごろく》「身延双六」（身延文庫蔵）にみられるように、甲州街道を経て身延山に参詣し、帰りは東海道を東に向かって江戸入りするコースが主にとられていたようです。江戸から各地に出ている街道は日本橋を起点とするので、甲州街道は内藤新宿（東京都新宿区）が一つ目の宿場となります。五街道の最初の継立《つぎたて》駅として、東海道に品川、中山道に板橋、奥州日光道中に千住、甲州道中に上・下高井戸を置き、その後、高井戸までの間に内藤新宿が置かれました。甲州街道は、起点である日本橋から最初の宿駅であった高井戸まで四里（約十六キロ）という距離があり、宿場の間隔が長いために新しい宿駅が設けられたわけです。しかしながら、近世の甲州街道は富士詣・身延詣の往来が顕著で、一般の旅行者は少なかったようです。他には甲府勤番・八王子千人同心の往来や将軍家の御茶壺の輸送があるのみで、参勤交代の大名も信濃高遠藩・高島藩（諏訪）・飯田藩の三藩のみでした。いわゆる公用を主とした旅人の割合が多く、甲州街道の宿駅経営は苦しかったようです。
それでは、甲州街道を経て身延山に登詣する参詣道途中の五つの代表的な寺院を紹介し、身延山巡拝霊場としての性格を描き出してみましょう。

①堀之内妙法寺（東京都杉並区堀之内）

『甲州道中記』（『甲斐叢書』三巻所収）に、

日蓮宗一致派にして、すこぶる盛大の寺院である。宗祖日蓮大士の霊像は除厄の御影といって、六老僧日朗上人の作である。まことに感応なる像が故に風雨寒暑を厭《いと》わず、都鄙《とひ》の貴賤日ごとにここに詣で、百度参など、片時も絶ることがない。誠に七月の法華千部会、または十月のお会式には群参稲麻の如くである。

とあるように、厄除祖師を祀る霊場であり、年中行事の折には賑わっていたことが知られます。妙法寺は近世に入って祖師霊場として誕生し、庶民に知られるようになった寺院でした。

江戸庶民に「堀之内のおそっさま」と呼ばれ、厄除けの寺院として行事の日は全国から大勢の参詣者で賑わいました。大田蜀山人（南畝）が「しゃれの内のお祖師さま」と狂歌に詠んだほどで、厄除けのご利益は江戸っ子にも知れ渡っていたようです。「堀之内詣」といわれるほど妙法寺の厄除け祖師像を拝みに登詣した人も多かったでしょうが、身延詣の旅人は身延往還の途中に同寺に立ち寄り、道中安全などを祈願していました。「厄除祖師の霊場」として江戸時代に開創されて以来、江戸庶民に信仰されている寺院です。

②休息立正寺（山梨県甲州市休息）

「甲州道中記」（『甲斐叢書』三巻所収）に、

休息山立正寺へ参詣し、庭を見ると宜き庭である。その弐丁程前に祖師が立正安国論を談義した高座石があり、その前に勧請の子安地蔵があり、残らず参詣する。

6-12　輪石庵

と記されているように、祖師が甲斐国布教の途中に『立正安国論』を講義した場所で、近くに輪石庵（図6-12）という庵があります。地域においては六院十二坊を擁する本寺格寺院であり、江戸に住む人々が身延参詣の折に巡拝する寺院として存在していたため、巡拝者に関わる資料が伝来しています。輪石庵には明治・

6-13　漁翁堂

大正期建立の石垣があり、石柱部分には江戸町人の名前が刻まれており、江戸に居住する信徒の信仰が盛んであった様子を今でも偲ぶことができます。輪石庵は、「立正安国論講義の霊場」として知られる場所です。

③石和遠妙寺（山梨県笛吹市石和町）（図6-13）

遠妙寺は鎌倉街道と甲州街道が交差する場所に建立され、鵜飼にまつわる寺院として知られています。

『甲州道中之記』（十返舎一九著）に、

　この石和の宿に、鵜飼山遠妙寺という寺がある。祖師、鵜を使いて、死んだ人のために、石に経文を一字ずつ書きて手向ける。現在もその石に文字が染み込んで残ると言い伝えがある。その場所に、日伝上人が寺院を建立し、遠妙寺がこれである。

とあるように、祖師が甲斐巡教中にこの地を訪れ、石和川の鵜飼の霊に遭遇し、その供養のために

6-14　小室妙法寺総門

石に『法華経』を書写し、川に沈めたと伝えられる霊場であることがわかります。また、謡曲『鵜飼』にも歌われ、祖師像と鵜飼像の開帳儀礼が本堂で修され、行事の折には参詣者が絶えなかったといいます。これは「鵜飼山《（遠）》本妙寺霊宝残らず開帳、百疋」と道中記にあるように、身延山巡拝者に対して霊宝（寺宝）の開帳が行われていたようです。「鵜飼の寺」として知られる寺院です。

④小室妙法寺（山梨県南巨摩郡富士川町小室）（図6-14）

『並山日記』（『甲斐志料集成』三巻所収）に、

小室村の徳栄山妙法寺に詣でて、山間の道登りゆくに、思ったより厳《いか》めしい寺である。まず諸堂を巡って本坊に案内され、役僧に対面して、古い仏像、古筆の『法

6-15　お万の方足洗井戸より本堂を望む

華経』、祖師の題目を拝観する。昔当山の住持肥前房という僧は、初めは修験者であったが、祖師と法力を争い、終には弟子となって名を日伝と改名し、寺は改宗した。

とあるように、修験道の寺院でしたが祖師が立ち寄り、法論を行って改宗されました。「法論石の霊場」として知られる寺院です。

⑤大野本遠寺（山梨県南巨摩郡身延町大野）（図6-15）

『松亭身延紀行』（『甲斐叢書』第二巻所収）に、

これより本遠寺、開山日遠上人と世に伝える。昔お万の方という婦人、信心猛にして七面山を踏み分け、女人の登山としては肇めてであった。その婦人は則ここに葬り、その廟がある。石門にして、扉は朱塗立沢潟の紋である。（廟塔銘文略）お万の方は法号養珠院妙紹日心大姉という。本堂天井の板に婦人の足跡が現在も三つ四つ遺っている。

とあり、徳川家康側室お万の方ゆかりの寺院として知られていました。お万の方は徳川御三家の紀伊家頼宣と水戸家頼房といった後継ぎを産んだことから江戸城大奥女性の子宝成就の信仰を得ています。紀州家は先祖を祀る寺院として同寺に寄進を行い、度々代参しています。また、お万の方は身延七面山の女人禁制を解いた方であることから、法華信徒にとって篤信の人であり、七面山登詣の女性信徒からは特に崇められています。お万さまの寺として知られる寺院です。

江戸の法華信徒が道中に遺していったもの

身延山参詣道の巡拝寺院となる寺院の中には、仏具・什物、といったものに巡拝者の足跡が刻まれています。

休息立正寺祖師堂の仏具・常香盤には、「内藤新宿講中、四谷講中」と墨書されています。また、境内の祖師袈裟掛松の石塔には、安永五年（一七七六）六月吉日付で「御松講中世話役江戸［　　］」と文字が刻まれ、一部判明できないのが残念ですが、江戸に住む人が寺内の松を崇拝し、信仰する講中が存在していたことがわかります。

身延山から東海道方面に南下する途中にある松野永精寺（静岡県富士市）には、境外仏堂として七面堂が存在します。松野地域から南に下った場所にありますが、江戸の信徒が身延道往還の折に通

6-16　七面堂の梵鐘

行した古道沿いにあります。ここの梵鐘（図6-16）には「江戸新吉原講中、大黒屋喜三良・妻安」と刻まれ、江戸の吉原に住む講中の篤信者が奉納したものであることがわかります。

おわりに

本書は、『法華』という宗教文化誌に平成二十年から平成二十五年まで連載した「江戸の法華信仰」シリーズに掲載した原稿を基調に、内容をカテゴリーごとに再編成し、著者が調べたあらたな情報を盛り込み、纏めたものです。

本書の刊行は、『法華』の発行元である財団法人法華会久保田正尚理事長をはじめとする法華会役職員の各聖・各位のご厚意とご理解があったからと思っています。まずもって厚く御礼申し上げます。

『法華』連載時における紙面と本書の紙面の割付や体裁が異なっていますが、再録にあたり原文の文意をなるべく損ねないよう心がけました。

個々の原稿は、月刊誌連載ということで毎回テーマを掲げた読み切り形式のものであったため、一書に纏めてみると内容が重複している箇所が多々ありました。よって、該当する箇所についてはなるべく削除し、他で説明している箇所の章節を括弧の中に示しました。ところが、削除してしまうと前後の繋がりが不明瞭になる場合に限り、そのままにしました。さらに、本文の内容を分かり易く読者に伝えたいと思い、全体を通じて小見出しを付しました。

法華信仰の全体像を描くにあたっては、立正大学名誉教授渡邊寶陽先生、同・中尾堯先生のご指導を受けました。内容についても江戸の個々の寺院を扱っているものがほとんどであり、寺院調査にあたっては、各寺院の御山主や山内の方々に由緒や神仏の勧請などについて、寺内に住んでいなければわからないことまでご教示頂きました。その折に、私が身延山大学に所属し、日蓮宗の教師ということもあってか、快く取材や調査に応じていただきました。各山における「知恩報恩」を肌で感じ、法華信仰を文章で表現する者として誠に法悦感謝極まりないことと思っています。

出版社に関しては、身延山大学で仏教実践（修法）の講義を担当していただいている松本慈恵先生を介して国書刊行会にお願いすることができました。松本先生は、横浜市内の名刹で中山門流の中本寺として位置する杉田妙法寺の御尊主です。同寺には、身延山三門の仁王像の話が伝わり、江戸庶民の法華信仰を漂わせる寺院であるため、本書で新たに取り上げた次第です。

編集や本書再録にあたり、法華会事務局の山崎美由紀氏、同安藤麻友美氏、身延山宝物館学芸員渡辺永祥氏、同上野真理子氏にお世話になりました。国書刊行会代表取締役佐藤今朝夫氏、同編集部今野道隆氏には、刊行に関して数々のアドバイスを受けました。他にもご芳名を記すことができない多くの方々がおりますが、この場を借りて厚く御礼申し上げ、その学恩に謝する次第です。

本書を刊行するにあたり、身延山大学仏教学部から平成二十六年度出版助成金を得ました。厚く御礼申し上げます。

【参考文献】

・立正大学日蓮教学研究所編『日蓮教団全史　上』平楽寺書店、昭和三九年
・影山堯雄『日蓮教団史概説』平楽寺書店、昭和五〇年
・中尾堯『日蓮の寺』東京堂書籍、昭和六二年
・市川智康『日蓮聖人の歩まれた道』水書房、昭和五六年
・北村行遠『近世開帳の研究』名著出版、平成元年
・大森惠子『稲荷信仰と宗教民俗』岩田書院、平成六年
・望月真澄『御宝物で知る身延山の歴史』日蓮宗新聞社、平成一八年
・望月真澄『近世日蓮宗の祖師信仰と守護神信仰』平楽寺書店、平成一四年
・望月真澄『身延山信仰の形成と伝播』岩田書院、平成二三年
・立正大学日蓮教学研究所編『日蓮聖人遺文辞典　歴史編』身延山久遠寺、昭和六〇年
・日蓮宗事典刊行委員会編『日蓮宗事典』東京堂出版、平成一一年
・加藤瑞光・宮川了篤編『日蓮宗祈禱聖典』鎌倉新書、昭和五七年
・今泉淑夫編『日本仏教史辞典』吉川弘文館、平成一一年
・中尾堯編『日蓮聖人事蹟事典』雄山閣、昭和五六年
・日蓮宗寺院大鑑編集委員会編『日蓮宗寺院大鑑』池上本門寺、昭和五六年
・『山梨県歴史の道調査報告書第七集　河内路・西郡路』山梨県教育委員会、昭和六一年

参考文献

・『山梨県歴史の道調査報告書第一六集　東河内路』山梨県教育委員会、昭和六三年
・『静岡県歴史の道　身延街道』静岡県教育委員会文化課、平成一〇年
・『身延町誌』身延町、昭和四五年
・『台東区史』通史編、平成九年
・『大圓寺誌』大圓寺、昭和五七年
・『御府内寺社備考』第六冊、名著出版、昭和六一年
・『身延山久遠寺史料調査報告書』身延町教育委員会、平成一六年
・身延山短期大学仏教文化研究所編『身延山史年表』久遠寺、昭和六〇年
・文京ふるさと歴史館特別展図録『江戸の大店高崎屋』平成六年
・杉田妙法寺由緒『牛頭山縁起』
・本妙寺発行『本妙寺と明暦の大火（振袖火事）再考』

豊島区
中野区
新宿区
渋谷区
港区
目黒区
品川区
文京区
台東区
墨田区
江東区
中央区
池袋
新宿
渋谷
東京
上野
浅草
秋葉原
品川
日暮里
銀座
新橋
六本木
五反田
目黒
大井町
自由が丘
下北沢
三軒茶屋
明大前
下高井戸
駒沢オリンピック公園
田園調布
多摩川
二子玉川
玉川IC
旗の台
上池台
洗足
東京スカイツリー
曳舟
新木場
東京港
若洲ゴルフリンクス
若洲海浜公園
お台場海浜公園
明治神宮
神宮前
西武新宿
新宿御苑
靖国神社
日比谷公園
東京タワー
上野動物園
練馬
豊島園
山手線
隅田川
立石
(C)Yahoo Japan,(C)ZENRIN

1 谷中 瑞輪寺（第 3 章）東京都台東区谷中 4-2-5
2 谷中 大圓寺（第 3 章）東京都台東区谷中 3-1-2
3 谷中 本寿寺（第 5 章）東京都台東区谷中 1-4-9
4 高崎屋（第 5 章）東京都文京区向丘
5 谷中 延命院（第 3・5 章）東京都荒川区西日暮里 3-10-1
6 浅草 本法寺（第 3 章）東京都台東区寿 2-9-7
7 浅草 本性寺（第 1 章）東京都台東区清川 1-1-2
8 下谷 真源寺（第 3 章）東京都台東区下谷 1-12-16
9 下谷 法養寺（第 3 章）現・東京都大田区池上 1-19-25
10 深川 浄心寺（第 2 章）東京都江東区平野 2-4-25
12 本所 能勢妙見山別院（第 3 章）東京都墨田区本所 4-6-14
13 本所 法恩寺（第 6 章）東京都墨田区太平 1-26-16
14 柳島 法性寺（第 3 章）東京都墨田区業平 5-7-7
16 白金 覚林寺（第 3 章）東京都港区白金台 1-1-47
17 芝 正傳寺（第 5 章）東京都港区芝 1-12-12
18 大久保 法善寺（第 3 章）東京都新宿区新宿 6-20-16
19 高田 亮朝院（第 4・5 章）東京都新宿区西早稲田 3-16-24
20 牛込 幸国寺（第 3・6 章）東京都新宿区原町 2-20
21 原町 常泉寺（第 5 章）東京都新宿区原町 2-63
22 千駄ケ谷 仙寿院（第 5 章）東京都渋谷区千駄ヶ谷 2-24-1
23 弦巻 常在寺（第 3 章）東京都世田谷区弦巻 1-34-17
24 堀之内 妙法寺（第 2・3 章）東京都杉並区堀ノ内 3-48-8
25 雑司ケ谷 法明寺（第 3・6 章）東京都豊島区南池袋 3-18-18
26 鼠山 感応寺（第 3・5 章）東京都豊島区（廃寺）
27 丸山 本妙寺（第 5 章）現・東京都豊島区巣鴨 5-35-6
28 池上 本門寺（第 6 章）東京都大田区池上 1-1-1

※本書で紹介していない江戸町人の信仰をあつめた江戸の法華寺院も多々あります。

埼玉県
山梨県
東京都
神奈川県
甲府
東京
横浜
静岡
さいたま
千葉
甲武信ケ岳
2475
雲取山
2017
奥多摩
丹波山
御岳昇仙峡
双葉JCT
韮崎
甲州
勝沼
大月JCT
大月
上野原
相模湖
道志
蛭ケ岳
1673
三ツ峠山
富士吉田
河口湖
精進湖
増穂
富士川
早川
南部
毛無山
1964
富士山
3776
御殿場
神山
1438
沼津
富士
清水港
新清水JCT
安倍川
駿河湾
伊豆半島
天城山
1405
伊豆
伊東
熱海
東伊豆
松崎
下田
大島
三原山
758
相模湾
小田原
秦野
東名高速
厚木
平塚
藤沢
相模原
町田
八王子
立川
府中
青梅
日高
川越
西東京
川口
岩槻
越谷
柏
市川
船橋
印西
川崎
横須賀
横須賀港
三浦半島
三浦
浦賀水道
東京湾
木更津港
袖ケ浦
富津
鋸山
329
鋸南
富津竹岡
館山
房総半島
鴨川
20 km
(C)Yahoo Japan,(C)OPeNBook

11　押上 最教寺（第 4 章）現・東京都八王子市宮下町 144

15　柴又 題経寺（第 6 章）東京都葛飾区柴又 7–10–3

29　中山 法華経寺（第 3・4 章）千葉県市川市中山 2–10–1

30　中山 智泉院（第 4 章）千葉県市川市中山 2–3–6

31　中山 遠寿院（第 4 章）千葉県市川市中山 2–3–2

32　杉田 妙法寺（第 5 章）神奈川県横浜市磯子区杉田 5–3–15

33　松葉谷 妙法寺（第 3 章）神奈川県鎌倉市大町 4–7–4

34　車返結社（第 5 章）静岡県裾野市深良 1657–2

35　休息 立正寺（第 6 章）山梨県甲州市勝沼町休息 1713

36　石和 遠妙寺（第 6 章）山梨県笛吹市石和町市部 1016

37　小室 妙法寺（第 6 章）山梨県南巨摩郡富士川町小室 3063

38　田代 妙石坊（第 6 章）山梨県南巨摩郡身延町身延 4181

39　東谷 大乗坊（第 6 章）山梨県南巨摩郡身延町身延 3507

40　西谷 松井坊（第 6 章）山梨県南巨摩郡身延町身延 3566

41　大野 本遠寺（第 6 章）山梨県南巨摩郡身延町大野 839

42　身延山 奥の院（第 6 章）山梨県南巨摩郡身延町身延 3567

43　身延山 七面山（第 6 章）山梨県南巨摩郡身延町身延 3567（久遠寺飛地）

6-3 法華霊場記（京都部分）［静岡市清水区由比　妙栄寺］
6-4 （参考）法華霊場記（江戸部分）［静岡市清水区由比　妙栄寺］
6-5 深川七福神巡り（大黒天）［東京都江東区平野　円珠院］
6-6 唐銅祖師像［山梨県南巨摩郡身延町　妙石坊］
6-7 （参考）妙法大善神像（部分）（木版刷）［静岡市清水区由比　妙栄寺］
6-8 坊号石塔［山梨県南巨摩郡身延町　松井坊］
6-9 大乗坊客殿扁額［山梨県南巨摩郡身延町　大乗坊］
6-10 奥の院参道の水盤［山梨県南巨摩郡身延町　奥の院］
6-11 七面大明神懸仏［山梨県南巨摩郡身延町　七面山］
6-12 輪石庵［山梨県甲州市　立正寺管理］
6-13 漁翁堂［山梨県笛吹市石和町　遠妙寺内］
6-14 小室妙法寺総門［山梨県南巨摩郡富士川町小室　妙法寺内］
6-15 お万の方足洗井戸より本堂を望む［山梨県南巨摩郡身延町大野　本遠寺内］
6-16 七面堂の梵鐘［静岡県富士市松野　永精寺］

3-17 御本丸献上の御供物［東京都大田区池上　法養寺］
4-1 身延山荒行堂の門（瑞門）［山梨県南巨摩郡身延町　身延山内］
4-2 修法具一式
4-3 木柾
4-4 高祖禱朝高［『本化高祖紀年録』身延山大学図書館］
4-5 祈禱経（日親上人筆）［京都市上京区　本山本法寺］
4-6 積善坊流の木剣［身延山久遠寺　身延文庫］
4-7 妙一九字
4-8 （参考）鬼子母神祈禱本尊［大阪市中央区中寺　蓮光寺］
4-9 中山遠寿院［千葉県市川市中山］
4-10 日の旗曼荼羅［身延山久遠寺　身延文庫］
4-11『絵本日蓮聖人伝記』（蒙古襲来部分）［身延山大学図書館］
4-12 高田亮朝院［『江戸名所図会』国立国会図書館ウェブサイト］
5-1 向拝の彫刻［東京都台東区谷中　本寿寺］
5-2 天蓋［東京都台東区谷中　本寿寺］
5-3 花瓶［東京都台東区谷中　本寿寺］
5-4 鉄眼版一切経［身延山大学図書館］
5-5 高崎屋墓所［東京都台東区谷中　本寿寺］
5-6 芝正伝寺毘沙門堂［『江戸名所図会』国立国会図書館ウェブサイト］
5-7 原町常泉寺［東京都新宿区　常泉寺］
5-8 （参考）感応寺境内図［『櫨楓』（海老澤了之介『新編若葉の梢』新編若葉の梢刊行会、1958年、附録156頁）］
5-9 現在の身延山久遠寺祖師堂［山梨県南巨摩郡身延町　身延山内］
5-10 明暦大火供養塔［東京都豊島区巣鴨　本妙寺］
5-11 纏を振る親子［山梨県身延山久遠寺門前町にて撮影］
5-12 町組と纏（身延山久遠寺祖師堂大太鼓）［山梨県南巨摩郡身延町　身延山内］
5-13 車返祖師堂安置の祖師像［静岡県裾野市深良　車返結社］
5-14 富士山の勧請諸尊図［望月真澄『身延山信仰の形成と伝播』岩田書院、2011年、94頁］
5-15 法華塔［岡田博校訂『江戸時代参詣絵巻　富士山真景之図』名著出版、1985年、63頁］
5-16 日蓮堂［岡田博校訂『江戸時代参詣絵巻　富士山真景之図』名著出版、1985年、45頁］
5-17 車返祖師堂［静岡県裾野市深良　車返結社内］
5-18 杉田妙法寺本堂［横浜市磯子区杉田　妙法寺］
5-19 身延山三門の仁王像［山梨県南巨摩郡身延町身延山］
6-1 明治15年増補「法華諸国霊場記図絵並定宿附全」［身延山大学図書館］
6-2 帝釈天本尊（木版刷）［静岡県浜松市天竜川町　妙恩寺］

図版一覧

※　資料の所蔵先については、本からの典拠を除く

1-1　（参考）日亨が講中へ授与した一遍首題　日亨上人筆［静岡市清水区由比　妙栄寺］
1-2　鎌倉霊山ケ崎雨祈［高祖御一代略図、身延山久遠寺　身延文庫］
1-3　（参考）身延山お会式での万灯と纏
1-4　日蓮聖人使用の念珠函［身延山久遠寺　身延文庫］
1-5　高祖御一代略図（寛政3年刊）［静岡市清水区由比　妙栄寺］
1-6　千箇寺題目帳（御首題帳）［千葉県夷隅郡御宿町　吉野家］
1-7　千箇寺供養塔［山梨県甲州市　立正寺］
1-8　（参考）日蓮上人法難図［山梨県南巨摩郡南部町　浄泉寺］
1-9　秋山自雲霊神標石［東京都台東区浅草　本性寺］
2-1　金杉橋芝浦（名所江戸百景）広重画［国立国会図書館ウェブサイト］
2-2　日蓮記（松葉谷法難の場面）［身延山久遠寺　身延文庫］
2-3　身延山朝詣群集新大橋の景　2代広重画［身延山久遠寺　身延文庫］
2-4　（参考）文久3年「身延奥院開帳収納高」［静岡市　個人蔵］
2-5　堀之内妙法寺安置厄除祖師像（部分）（木版刷）［静岡市清水区由比　妙栄寺］
2-6　身延山朝参之図［身延山久遠寺　身延文庫］
2-7　（参考）祖師五百遠忌報恩塔［東京都江東区平野　浄心寺内］
3-1　堀之内妙法寺［『日蓮大士真実伝』身延山大学図書館］
3-2　谷中瑞輪寺［『日蓮大士真実伝』身延山大学図書館］
3-3　奉納提灯と絵馬［東京都豊島区雑司ケ谷　鬼子母神堂］
3-4　雑司ケ谷鬼子母神堂扁額　佐文山書［雑司ケ谷　鬼子母神堂］
3-5　入谷鬼子母神・真源寺［東京都台東区下谷　真源寺］
3-6　中山鬼子母神画像［大阪市中央区中寺　蓮光寺］
3-7　法善寺境内［『江戸名所図会』国立国会図書館ウェブサイト］
3-8　能勢型妙見大士画像（部分）［静岡市清水区由比　妙栄寺］
3-9　法性寺と影向松［『江戸名所図会』国立国会図書館ウェブサイト］
3-10　境内入口の妙見大菩薩標石［東京都墨田区本所　法性寺］
3-11　延命院の七面堂（向かって左側）［東京都荒川区西日暮里　延命院］
3-12　瘡守薬王菩薩像（木版刷）［東京都台東区谷中　大圓寺］
3-13　尊像守　御撫石　秘妙符［東京都台東区谷中　大圓寺］
3-14　日蓮聖人奉納提灯の寺紋
3-15　清正公画像［静岡市清水区由比　妙栄寺］
3-16　清正公画像（木版刷）［静岡市清水区由比　妙栄寺］

著者紹介
望月　真澄（もちづき　しんちょう）
立正大学大学院文学研究科仏教学専攻修士課程修了
現在　身延山大学仏教学部教授　博士（文学）
身延山大学図書館長
立正大学仏教学部非常勤講師
日蓮宗勧学院講学職

主な編著書
『近世日蓮宗の祖師信仰と守護神信仰』平楽寺書店
『身延山信仰の形成と伝播』岩田書院
『御宝物で知る身延山の歴史』日蓮宗新聞社
『法華信仰のかたち』大法輪閣
『山梨県史　近世』通史編・資料編（共編著）山梨県庁
『身延文庫典籍目録』上・中・下巻（共編）久遠寺
『身延山久遠寺史料調査報告書』（共編）身延町教育委員会
『身延山を歩く』イーフォー
『身延山参詣道を歩く』イーフォー
『法華の至宝　第7巻　日蓮聖人註画讃』（共編）同朋舎メディアプラン

江戸《えど》の法華信仰《ほっけしんこう》　ISBN978-4-336-05900-0

平成27年3月20日　初版第1刷発行

著　者　望月真澄
発行者　佐藤今朝夫

〒174-0056 東京都板橋区志村 1-13-15
発行所　株式会社　国書刊行会
電話 03(5970)7421　FAX 03(5970)7427
E-mail: sales@kokusho.co.jp　URL: http://www.kokusho.co.jp

装幀　鈴木正道（Suzuki Design）
落丁本・乱丁本はお取替えいたします。印刷　三報社印刷(株)　製本　(株)ブックアート